Andrea Erkert

So verstehen wir uns gut!

Kooperative Spiele für Vorschulkinder

Andrea Erkert

So verstehen wir uns gut!

Kooperative Spiele für Vorschulkinder

HERDER

FREIBURG · BASEL · WIEN

Der Einfachheit halber wird in diesem Buch meist von „Erzieherinnen"
gesprochen, da dieser Beruf hauptsächlich von Frauen ausgeübt wird. Die
männlichen Kollegen mögen sich bitte genauso angesprochen fühlen.

Umschlaggestaltung und -konzeption:
R·M·E München/Roland Eschelbeck, Rosemarie Kreuzer
Illustrationen: Hans-Dieter Sumpf, Stuttgart
Lektorat: Pia Haferkorn, Freiburg

Gesamtherstellung: fgb · freiburger graphische betriebe 2008
www.fgb.de

Gedruckt auf umweltfreundlichem,
chlorfrei gebleichtem Papier

ISBN 978–3-451-32122-1

Inhalt

Wie Kinder selbstbewusst und teamfähig werden

Der Kindergarten ist eine Bildungseinrichtung, der eine zentrale Aufgabe im Hinblick auf die Frühförderung zukommt. Hier kommen Kinder unterschiedlicher Herkunft, Kultur und Religion regelmäßig zusammen. Sie bringen verschiedene Voraussetzungen mit und entwickeln unterschiedlich schnell relevante Kompetenzen, die sie für die Schule und den Alltag brauchen.

Miteinander sprechen – einander verstehen

Die PISA-Studie hat deutlich gezeigt, dass Kinder mit unzureichenden Deutschkenntnissen bei weitem mehr schulische Probleme als andere Kinder aufweisen. Sie haben oftmals Mühe, sich am Unterricht aktiv zu beteiligen und lernen schlechter Lesen und Schreiben. Außerdem können sie nicht so schnell Kontakte zu Gleichaltrigen knüpfen und deshalb weniger soziale Erfahrungen sammeln. Das bleibt nicht ohne Folgen – wenn Kinder im Umgang mit anderen oft unsicher oder schüchtern sind oder sich aggressiv verhalten, hat das häufig auch mit mangelnden Sprachfähigkeiten zu tun. Manche Kinder zeigen sogar starke sprachliche Auffälligkeiten – sei es, dass sie Sätze nicht altergemäß formulieren, sich undeutlich ausdrücken, viel zu überhastet sprechen, das Sprechen ganz oder teilweise verweigern, näseln, Laute weglassen oder ersetzen. In diesen Fällen sollten die Eltern möglichst schnell professionelle Hilfe z.B. von Erziehungsberatungsstellen, HNO-Ärzten, Logopäden und Sprachtherapeuten in Anspruch nehmen.

Für die Sprachentwicklung des Kindes ist es wichtig, dass Erwachsene von Anfang an mit ihm sprechen. Kinder brauchen gute sprachliche Vorbilder. Sie hören, sehen und spüren wie Erwachsene untereinander oder mit Kindern verbal und nonverbal kommunizieren. Um die Sprechfreude der Kinder zu fördern, dürfen wir sie weder kritisieren, verbessern noch abfragen. Auch sollten wir sie nicht dazu auffordern, ein Wort oder gar einen Satz richtig zu wiederholen. Vielmehr sollten wir sie zum Sprechen ermutigen und wie vollwertige Gesprächspartner behandeln.

Die kooperativen Spiele aus diesem Buch wurden in der Praxis erprobt und richten sich keineswegs nur an Kinder, die über sprachliche Defizite oder mangelnde soziale Kompetenzen verfügen. Alle Kinder können und sollen von den Spielideen profitieren und dabei miteinander und voneinander lernen, indem sie: aufeinander zugehen, miteinander sprechen und Einfühlungsvermögen entwickeln. Sie sollen Zwei- und Mehrsprachigkeit als eine Bereicherung erleben und ihr Wissen über die Welt vertiefen und erweitern.

Die vorgestellten Spiele eignen sich für alle Kinder, die das letzte Jahr im Kindergarten sind, also zu den »Großen« gehören. Sie beziehen sich auf die Lebenswirklichkeit der Kinder und fördern ihre sprachlichen und sozialen Kompetenzen. Zudem gibt es Spiele, die im besonderen Maße die interkulturellen Kompetenzen schulen. Insgesamt unterstützen die Angebote einen gelungenen Übergang vom Kindergarten in die Schule und machen bewusst, dass Kinder sich im freien Spiel, aber auch durch gezielte Spielangebote grundlegende Fertigkeiten und Fähigkeiten aneignen, die sie für ihre Persönlichkeitsentwicklung und nicht zuletzt für einen erfolgreichen Schulstart brauchen.

Spielideen für Vorschulkinder

Die »Großen« stehen das letzte Jahr vor ihrer Einschulung häufig im Mittelpunkt. Das Schultütenbasteln, die Übernachtung im Kindergarten, der erste gemeinsame Schulbesuch und das Abschiedsfest sind für sie etwas ganz Besonderes und machen eindrucksvoll bewusst, dass die Einschulung unmittelbar bevorsteht.

Im Zuge der Kooperation zwischen Kindergarten und Schule legen Erzieherinnen großen Wert auf die Förderung von Fähigkeiten und Fertigkeiten, die Kinder für den Schulalltag mitbringen sollten.

Für die Übungen und Spiele der »Großen« im Kindergarten ergeben sich daraus konkrete Ziele:

Sie sollen
- die Sprechfreudigkeit fördern,
- Artikulation und Grammatik verbessern,
- die Wahrnehmungs- und Kontaktfähigkeit fördern,
- das Selbstwertgefühl stärken und soziales Verhalten anregen,
- das Interesse an einer Fremdsprache wecken,
- die Selbstständigkeit schulen,
- Konzentration- und Aufnahmefähigkeit fördern,
- Grob- und Feinmotorik schulen,
- die Kreativität fördern,
- Schwierigkeiten und Hindernisse überwinden helfen,
- das Selbstbewusstsein im Umgang mit neuen Herausforderungen stärken.

Die abwechslungsreichen Spielideen dieses Buches orientieren sich an diesen Zielen und berücksichtigen dabei das Interesse der Vorschulkinder an »schwierigen«, jedoch für sie machbaren Aufgaben. Sie werden dem kindlichen Bedürfnis nach Bewegung und Entspannung gerecht, sodass die Kinder sich viel besser konzentrieren und aufeinander einlassen können.

Sprachförderung und soziales Lernen finden hier spielerisch statt. Die Kinder kommen miteinander ins Gespräch, bauen Vorurteile ab, lernen sich in Konfliktsituationen verbal zu behaupten, entwickeln Verständnis und Respekt gegenüber anderen Menschen und gewinnen so an echter Stärke. Dazu bedarf es oftmals keinerlei Materialien. Allein schon der spielerische Umgang mit der Sprache ist Anreiz genug, dass die Kinder motiviert und konzentriert mitmachen. Es ist Kindern ein Bedürfnis, sich einzubringen, miteinander Spaß zu haben und in der Gruppe zu kommunizieren. Die

Freude an der Sprache und am Sprechen und das Wir-Gefühl stehen bei den vorgestellten Spielen stets im Vordergrund – Bewegung und Musik tragen zum ganzheitlichen Erleben und Lernen bei.

Ein Schwerpunkt in diesem Buch sind Spiele, bei denen Kinder lernen, ihre Gefühle und Wünsche zu äußern. Kinder, die sich gut artikulieren können, haben weniger Angst etwas Falsches zu sagen und können leichter soziale Kontakte knüpfen. Aufgrund ihrer Ausdrucksweise genießen sie meist ein hohes Ansehen in der Gruppe, was ihnen viel Sicherheit und ein gutes Selbstwertgefühl gibt. Weil die Sprache unser wichtigstes Kommunikationsmittel ist und sich auf das soziale Verhalten auswirkt, wurde bei sämtlichen Spielen darauf geachtet, dass die Kinder ganz bewusst miteinander kommunizieren lernen, mit dem Ziel einen Konsens als gemeinsame Basis für ein friedvolles Miteinander zu finden.

Spiele ohne Sieger und Verlierer

Spielen gehört zu den Grundbedürfnissen des Menschen und ist ein fester Bestandteil des Kindergartenalltags. Hier können Kinder die unterschiedlichsten Spiele alleine oder mit anderen Kindern ausprobieren und dabei besonders gut relevante Kompetenzen entwickeln. Spiele ohne Sieger und Verlierer sind dadurch gekennzeichnet, dass kein Kind während des Spielverlaufs ausscheidet oder gar verliert. Somit werden die einzelnen Kinder nicht nach ihren Spielleistungen bewertet. Stattdessen üben die Kinder im Team zu arbeiten, miteinander zu kooperieren, Kreativität und Fantasie zu entwickeln. Das sind überaus bedeutsame Werte, die Kinder sowohl in der Schule als auch später im Berufsleben brauchen.

Vielen Kindern im Kindergarten und Anfangsunterricht fällt es sehr schwer zu verlieren und Misserfolg zu ertragen. Nicht selten werden Kinder in solchen Situationen so wütend, dass sie z. B. das angefangene Brettspiel vom Tisch fegen oder einfach nicht mehr mitmachen, wenn sie merken, dass sie kaum mehr eine Chance haben, das Spiel zu gewinnen. Aus diesem Grund sollten Spiele, bei denen die Kinder miteinander konkurrieren, behutsam eingesetzt werden. Spiele ohne Sieger und Verlierer ermöglichen, dass alle Kinder von Anfang bis zum Ende begeistert mitspielen. Sie sorgen für ein gutes Gruppenklima und jede Menge Spielspaß!

Dieses Buch bietet Ihnen deshalb eine große Auswahl an kooperativen Spielen, bei denen die Kinder miteinander Spaß haben, diskutieren, füreinander da sein und sich angenommen fühlen können. Sie lassen sich zu zweit, in der Kleingruppe oder Großgruppe spielen. Einige von ihnen eignen sich auch zur Förderung von einzelnen Kindern. Spielen mehrere Kinder mit, ist die Aufstellungsform im Kreis geradezu ideal: So können alle Kinder die Spielregeln und das Spielgeschehen besonders gut verfolgen und das Gefühl der Verbundenheit wird verstärkt.

Für eine schnelle Spielauswahl wurden die einzelnen Spiele je nach ihrem Schwerpunkt den elf thematisch gegliederten Kapiteln zugeordnet, die gleich zu Beginn wichtige Hinweise für die Praxis enthalten. Vor jedem Spiel finden Sie die Angaben zum benötigten Material und zu der Gruppengröße.

Im letzten Kapitel sind zehn unterschiedliche Aktionen und Projekte zusammengestellt, bei denen die Kinder sich intensiver, teilweise über einen längeren Zeitraum hinweg, mit Themen beschäftigen, die ihre sprachlichen und sozialen Fähigkeiten und ihr interkulturelles Wissen festigen und erweitern. Bei vielen Vorschlägen lassen sich auch Eltern, Großeltern oder »Experten« als Gäste einbeziehen.

Hallo!
Wie heißt du?

Begrüßungsspiele sind in Kindergärten sehr beliebt und haben einige beachtenswerte Vorteile: Sie erleichtern den Einstieg in die Gruppe und machen Lust auf weitere gemeinsame Spiele. Sie tragen zu einer guten Atmosphäre bei und sorgen dafür, dass die Kinder sich von Anfang in der Gruppe wohl fühlen.

Sich willkommen zu fühlen, ist insbesondere für Kinder wichtig, die einander noch fremd sind. Ein Begrüßungsspiel, bei dem die Vornamen der Mitspielenden genannt werden, kann den Neulingen helfen, ihre Unsicherheiten, Ängste oder Bedenken gegenüber der vielleicht schon bestehenden Gruppe zu überwinden. Solche Spiele tragen dazu bei, dass die Kinder sich untereinander rasch mit dem richtigen Vornamen ansprechen, unbefangen aufeinander zugehen und sich näher kennenlernen. Dies gilt selbst für Kinder, die wenig Deutschkenntnisse haben, zurückhaltend oder gar ängstlich sind, da sie die leicht verständlichen Spielregeln gut befolgen und sich schnell in das Spielgeschehen einbringen können.

Autogrammjäger

Spielform: Kleingruppe
Material: flotte Musik, für jedes Kind ein weißes Blatt Papier (DIN A4) und ein Filzstift

Jedes Kind nimmt sich ein Blatt Papier und einen Stift. Nachdem sich alle im Raum verteilt haben, schaltet die Spielleitung die Musik ein. Zum Rhythmus der Musik bewegen sich die Kinder kreuz und quer durch den Raum, bis die Spielleitung die Musik stoppt. Auf dieses Signal hin gehen die Kinder zu zweit zusammen, um einander zu begrüßen. Sollten die Kinder sich noch nicht kennen, stellen sie sich gegenseitig mit ihrem Vornamen vor. Danach schreibt jedes Kind seinen Namen auf das Blatt seines Partnerkindes. Sind alle fertig, schaltet die Spielleitung die Musik wieder ein, und eine neue Spielrunde beginnt. Nach fünf bis sechs Runden schauen die Kinder auf ihr Blatt. Konnten alle Kinder möglichst viele verschiedene Unterschriften sammeln? Falls ja, dürfen sie sich als sehr gute Autogrammjäger bezeichnen.

Komm, tanz mit mir!

Spielform: Kleingruppe
Material: flotte Musik, für die Hälfte der Kinder jeweils ein Chiffontuch

Die Kinder bilden zwei gleich große Gruppen. Die Hälfte der Kinder erhält ein Chiffontuch. Danach suchen sich alle einen Platz im Raum. Auf ein Signal der Spielleitung hin dürfen diejenigen Kinder, die ein Tuch in Händen halten, ein Kind ohne Tuch begrüßen (ggf. den Namen erfragen und sich selbst auch vorstellen) und schließlich zum Tanzen auffordern. Nun schaltet die Spielleitung die Musik ein, zu der die Paare rhythmisch im Kreis tanzen. Wenn die Spielleitung die Musik stoppt, bleiben alle Kinder stehen. Dann werden die Rollen getauscht, indem diejenigen, die zum Tanz aufgefordert hatten, nun ihr Tuch ihrem Tanzpartner übergeben. Anschließend fängt das Spiel von vorne an.

Begrüßung mit Zahlen

Spielform: Kleingruppe

Die Kinder bilden einen großen Kreis. Die Spielleitung wählt ein Kind aus, das sich dann in die Kreismitte stellt. Dort angekommen, nennt das Kind eine beliebige Zahl von eins bis zehn. Indem das Kind zum Beispiel »Sechs!« ruft, wählt es sich ein Kind aus dem Kreis und geht auf es zu, um es zu begrüßen. Die beiden tauschen ihre Plätze. Danach ruft das Kind, welches sich jetzt in der Kreismitte befindet »Fünf!« und begrüßt dann ein anderes Kind im Kreis. Auch diese beiden tauschen die Plätze und das Spiel setzt sich auf die gleiche Weise fort. Mit jeder weiteren Runde wird nun abwärts gezählt, bis ein Kind in der Kreismitte steht und »Null!« ruft. In diesem Augenblick begrüßen alle Kinder, die im Kreis stehen, das Kind in der Mitte mit seinem Namen, indem sie z. B.: »*Hallo Francesco!*« rufen. Der oder die Angesprochene darf danach eine weitere Zahl benennen und damit das Spiel von Neuem beginnen.

Vornamen aufdecken

Spielform: Kleingruppe
Material: für jedes Kind ein weißes Notizblatt und einen Bleistift

Jedes Kind bekommt einen kleinen Notizzettel, schreibt seinen Namen darauf und legt den Zettel dann verdeckt auf den Tisch. Ein beliebiges Kind darf beginnen, indem es irgendeinen Zettel umdreht und zwar so, dass die Schrift für alle gut zu erkennen ist. Das Kind, von dem der Zettel stammt, steht auf. Es wird vom ersten Kind begrüßt und ggf. nach seinem Vornamen gefragt. Nachdem es seinen Namen genannt hat, legt es seinen Zettel zur Seite. Danach darf ein weiteres Kind das Spiel fortsetzen, und einen neuen Zettel umdrehen. Wurden alle Vornamen aufgedeckt bzw. sämtliche Kinder begrüßt, ist das Spiel aus.

Hallo Igel!

Spielform: Kleingruppe
Material: ruhige Instrumentalmusik, ein Igelball

Die Kinder ziehen ihre Schuhe aus und bilden einen Kreis, eines von ihnen stellt sich in die Kreismitte. Ein Kind aus dem Kreis bekommt den Igelball und plaziert ihn unter seinem rechten oder linken Fuß. Sobald die Musik erklingt, rollen die Kinder den Ball von Fuß zu Fuß im Kreis herum. Das geht solange, bis die Spielleitung die Musik unvermittelt stoppt. Jetzt wendet das Kind in der Kreismitte sich demjenigen zu, welches direkt hinter dem Igelball steht, begrüßt es und fragt nach dessen

Vornamen. Das »Igelkind« nennt seinen Namen und die beiden tauschen die Plätze. Danach schaltet die Spielleitung die Musik wieder ein und das Spiel wird auf die gleiche Art fortgesetzt.

Gesucht – gefunden!

Spielform: Kleingruppe
Material: eine Handtrommel

Das folgende Spiel eignet sich besonders gut für die Turnhalle, da die Kinder ausreichend Platz zum Bewegen brauchen.

Die Kinder bilden vier gleich große Gruppen, die sich jeweils vor einer der vier Wände aufstellen (in einer Reihe nebeneinander, den Blick zur Raummitte gerichtet). Die Spielleitung nimmt eine Handtrommel, geht in Richtung Raummitte und bleibt dann stehen. Sie schaut sich um und deutet spontan auf zwei Gruppen. Die betreffenden Kinder laufen daraufhin zu den zwei übrigen Gruppen und jedes sucht sich dort ein Partnerkind zum Begrüßen. Damit dies jedoch nicht zu schnell geschieht, gibt die Spielleitung mit Hilfe der Handtrommel das Bewegungstempo vor. Haben sich zwei Kinder gefunden, begrüßen sie sich gegenseitig und sagen einander, wie sie heißen. Danach gehen alle wieder auf ihren Ausgangsplatz zurück und die Spielleitung startet eine neue Spielrunde.

Variation
Die Spielleitung deutet auf zwei beliebige Gruppen und benennt ein Tier, das die betreffenden Kinder darstellen. Daraufhin bewegen sie sich zum Beispiel wie ein Hund auf allen Vieren auf ein freies Kind zu. Ist ein Kind vor einem Partnerkind angekommen, bleibt es stehen und begrüßt es mit einem freundlichen Bellen. Danach teilen sich die beiden Kinder gegenseitig ihren Vornamen mit. Wenn alle Kinder wieder auf ihrem Ausgangsplatz stehen, beginnt eine neue Spielrunde.

Wem gehört der Schuh?

Spielform: Kleingruppe
Material: flotte Musik

Die Hälfte der Kinder zieht den linken Schuh aus und jedes von ihnen wählt ein Kind aus der anderen Gruppe, dem es diesen Schuh übergibt. Die Kinder, die nur einen Schuh tragen, suchen sich einen Platz im Raum und bleiben dort stehen. Die anderen Kinder beginnen durch den Raum zu tanzen, sobald die Spielleitung die Musik einschaltet. Begegnen sich zwei tanzende Kinder, tauschen sie miteinander die Schuhe, die sie in den Händen halten. Währenddessen klatschen die übrigen Kinder, die im Raum stehen, im Takt zur Musik auf ihre Oberschenkel – jedoch nur solange, bis die Spielleitung die Musik stoppt. Daraufhin suchen die Kinder, die einen Schuh in der Hand halten, das Kind mit dem passenden Gegenstück am rechten Fuß. Konnte sich ein Paar finden, begrüßen sich die Kinder gegenseitig und teilen sich, falls nötig, ihre Vornamen mit. Danach tauschen die beiden Gruppen ihre Rollen und wiederholten das Spiel.

Wer hat den roten Ball?

Spielform: Kleingruppe
Material: drei kleine Softbälle in unterschiedlichen Farben, eine Handtrommel

Die Kinder bilden einen Kreis und knien sich dann auf den Boden. Die Spielleitung holt drei kleine Softbälle in unterschiedlichen Farben, die sie drei verschiedenen Kindern übergibt (die drei sollten nicht direkt nebeneinander auf der Kreisbahn stehen). Ein kräftiger Trommelschlag der Spielleitung ist das Signal für die Kinder, die Bälle möglichst schnell von Hand zu Hand im Uhrzeigersinn im Kreis rollen zu lassen. Ist ein zweiter kräftiger Trommelschlag zu hören, wird das Ballspiel unterbrochen. Ge-

spannt warten die Kinder, bis die Spielleitung eine der vorhandenen Ball-farben nennt. Das Kind, das gerade den betreffenden Ball in den Händen hält, darf sich mit seinem Vornamen vorstellen und dann in der nächsten Runde die Rolle der Spielleitung übernehmen.

Variation
Anstatt die drei Bälle im Innenkreis herumzurollen, können die Kinder sie auch ...

- über Kopf weiterreichen,
- hinter dem Rücken weitergeben,
- mit den Füßen weitergeben,
- mit einer Hand weiterreichen, etc.

Hallo! Ich heiße ...

Spielform: Partnerspiel/Kleingruppe
Material: ein Würfel, ein schwarzer Filzstift, sechs weiße Blätter (DIN A4), eine Tasse, ein Teller, ein Spielzeug, ein Springseil, eine Kappe, ein Farbkasten
Vorbereitung: Die Spielleitung nummeriert die Blätter von eins bis sechs und legt sie auf einen Tisch. Sie platziert auf jedem Blatt einen der oben genannten Gegenstände so, dass die Zahl gut sichtbar bleibt.

Die Kinder setzen sich um den Tisch herum. Eines erhält den Würfel und beginnt das Spiel. Je nach gewürfelter Augenzahl schaut es auf das Blatt mit der entsprechenden Zahl. Der Gegenstand, der darauf liegt, gibt ihm

einen Hinweis darauf, über welche persönliche Vorliebe es etwas erzählen könnte. Würfelt es zum Beispiel die Zahl, der das Springseil zugeordnet ist, darf es eine sportliche Aktivität nennen, die es gerne mag (»Hallo! Ich heiße *Ali* und ich spiele gerne *Fußball*«). Dann übergibt es den Würfel seinem rechten Nachbarskind, welches das Spiel fortsetzt.

Beispiele:

- Tasse (Ich heiße … und trinke gerne …)
- Teller (Ich heiße … und esse gerne …)
- Spielzeug (Ich heiße … und spiele gerne …)
- Kappe (Ich heiße … und trage gerne …)
- Farbkasten (Ich heiße … und male gerne …)

Begrüßungsrad

Spielform: Kleingruppe
Material: eine Handtrommel

Alle Kinder bis auf eines bilden einen Kreis. Das Kind stellt sich in die Kreismitte und streckt seinen rechten Arm mit Zeigegeste nach vorn. Dann trommelt die Spielleitung einen beliebigen Rhythmus, zu dem die Kinder sich hintereinander im Uhrzeigersinn bewegen. Irgendwann jedoch stoppt das Trommelspiel und die Kinder bleiben stehen. Sie wenden sich dem Kind in der Kreismitte zu, dessen ausgesteckter Arm nun auf eines der Kinder deutet. Es geht auf dieses Kind zu, um es zu begrüßen und gegebenenfalls nach dessen Vornamen zu fragen. Danach tauschen die beiden Kinder ihre Plätze. Anschließend beginnt auf die gleiche Art eine neue Spielrunde.

Ich, du und wir

Sich selbst und andere wahrnehmen, das Anderssein akzeptieren und Verständnis füreinander entwickeln, sind Grundvoraussetzungen dafür, offen und tolerant miteinander umgehen zu können. Durch vielfältige Erfahrungen und Erlebnisse in der Gruppe entdecken Kinder u.a. ihre eigenen Stärken und lernen diese für sich selbst und die Gruppe zu nutzen. Dies hilft ihnen dabei, sich selbst als wichtigen Teil der Gruppe zu begreifen und Freundschaften einzugehen.

Bei den folgenden Spielen üben die Kinder sich ihrer Person bewusst zu werden, indem sie sich genau betrachten. Spielerisch zeigen sie ihr Können und erleben dabei gleichzeitig die Fähigkeiten von anderen Kindern. Während sie unbefangen aufeinander zugehen und miteinander spielen, entdecken sie Gemeinsamkeiten und Unterschiede innerhalb der Gruppe, die diese so lebendig machen. Neugierig und erwartungsvoll erforschen sie so manches Fremde und entdecken dabei eine Vielfalt, die sie als Bereicherung für sich selbst und die Gruppe erleben. Im gemeinsamen Tun lernen sie selbstständig zu denken, eigene Ideen mitzuteilen, miteinander zu sprechen und zu handeln.

So bist du

Spielform: Kleingruppe

Die Kinder bilden einen Stuhlkreis. Die Spielleitung wählt vier beliebige Kinder aus und flüstert ihnen den Vornamen eines bestimmten Kindes ins Ohr. Anschließend treten die vier Kinder in die Kreismitte und versuchen ein paar Dinge, die sie über das Kind wissen, nacheinander in jeweils einem Satz zu formulieren. Dabei kann ein Kind z.B. Folgendes sagen: »Das gesuchte Kind hat braune Haare und spielt gerne Fußball.« Waren alle vier Kinder an der Reihe, dürfen die übrigen Kinder versuchen zu erraten, um welches Kind es sich handelt. Glaubt jedoch ein Kind sich selbst zu erkennen, dann verhält es sich ruhig. Wurde das richtige Kind gefunden, beginnt eine neue Suchrunde mit vier weiteren Kindern in der Kreismitte.

Wer gehört zu wem?

Spielform: Kleingruppe
Material: ruhige Instrumentalmusik, Chiffontücher in der Anzahl der Mitspieler in drei verschiedenen Farben (je ein Drittel der Kinder erhält die gleiche Farbe), eine Uhr mit Sekundenzeiger

Die Kinder bilden drei gleich große Gruppen, jede Gruppe bekommt eine bestimmte Tuchfarbe zugeteilt, z.B. Rot, Gelb oder Blau. Wenn jedes Kind ein Tuch in seiner Gruppenfarbe hat, bilden alle einen engen Kreis und zwar so, dass nie zwei Kinder mit gleichfarbigen Tüchern nebeneinander stehen. Anschließend schaltet die Spielleitung die Musik ein, zu der die Kinder rhythmisch die Tücher von Hand zu Hand reichen. Irgendwann stoppt die Spielleitung die Musik. In diesem Moment halten alle Kinder ihre Tücher fest in den Händen und machen sich rasch auf die Suche nach anderen Kindern mit der gleichen Tuchfarbe. Stehen die Gruppen im Kreis beisammen, ruft die Spielleitung z.B. laut: »Wo ist die *blaue* Gruppe?« Daraufhin antwortet die betreffende Gruppe: »Hier ist die *blaue* Gruppe!« Sind alle Gruppen aufgerufen wurden, fängt das Spiel mit allen Kindern im großen Kreis von vorne an.

Das machen wir gemeinsam

Spielform: Kleingruppe
Material: für jedes Kind einen langen Wollfaden

Die Kinder bilden einen Kreis und jedes erhält einen langen Wollfaden. Ein Kind beginnt das Spiel, indem es z.B. sagt: »Wir spielen gemeinsam im Kreis!« Danach verknotet es das eine Ende seines Wollfadens mit dem seines rechten Nachbarkindes, welches jetzt auf die gleiche Art das Spiel fortsetzt und z.B. sagt: »Wir räumen gemeinsam auf.« Auf diese Weise wird das Spiel solange weitergeführt, bis das alle Wollfäden miteinander verknotet sind und somit ein großer Kreis aus Wollfäden entsteht, welcher die Verbundenheit in der Gruppe besonders gut verdeutlicht.

Variation

Das Spiel mit den Wollfäden verläuft wie oben beschrieben. Allerdings dürfen die Kinder jetzt so wie bei dem bekannten Spiel »Koffer packen« alle genannten Tätigkeiten wiederholen und dann erst eine neue Tätigkeit hinzufügen. Klappt das bis zum Ausgangskind? Falls nicht, fängt das Spiel erneut an.

Geben und nehmen

Spielform: Kleingruppe
Material: für jedes Kind eine kleine Schale mit einem jeweils unterschiedlichen Gegenstand (möglich wären z.B. ein Kieselstein, ein Fichtenzapfen, eine Murmel, ein Baustein und ein Wachsmalstift)

Jedes Kind holt sich eine Schale, in der sich ein kleiner Gegenstand befindet. Danach bilden alle einen Kreis und halten ihre Schalen in den Händen. Die Spielleitung wählt eines der Kinder aus, das auf ein anderes zugeht, in dessen Schale schaut und z.B. sagt: »Ich gebe dir meinen

Stein und nehme mir deine Murmel!« Wurden die Gegenstände ausgewechselt, tauschen die beiden Kinder ihre Plätze. Nun geht das Kind, das jetzt den Stein in seiner Schale hat, los und führt das Spiel mit einem anderen Partnerkind auf die gleiche Weise weiter. Erst wenn alle Kinder etwas anderes als ursprünglich in ihrer Schale haben, ist das Spiel beendet.

Teamsport-Scharade

Spielform: Kleingruppe
Material: Fotos oder Bilder aus Zeitschriften und Katalogen, die jeweils eine bestimmte Mannschaftssportart zeigen

Bis auf vier Kinder bilden alle übrigen Kinder mit ihren Stühlen einen Halbkreis. Die vier Kinder stellen sich der Gruppe direkt gegenüber und bekommen heimlich von der Spielleitung ein Bild gezeigt, auf dem z.B. ein (Tisch-)Fußballspiel, ein Eishockeyspiel oder eine Rudermannschaft zu sehen ist. Während nun die Kinder die Sportart pantomimisch darstellen, fangen die übrigen Kinder an zu raten. Können die Kinder die Mannschaftssportart benennen? Falls nicht, geben die vier Kinder Hinweise. Sobald die richtige Antwort gefunden wurde, dürfen drei bis vier weitere Kinder einen neuen Mannschaftssport pantomimisch darstellen, den die Spielleitung mithilfe eines gezeigten Bildes vorgibt.

Variation

Drei bis vier Kinder beschreiben eine Mannschaftssportart, welche die übrigen Kinder zu erraten versuchen.

In welchem Land bist du geboren?

Spielform: Kleingruppe
Material: eine Handtrommel

Zum Rhythmus der Trommel laufen alle Kinder kreuz und quer durch den Raum. Irgendwann jedoch verstummt die Trommel und alle Kinder bleiben sofort stehen. Sie wenden sich der Spielleitung zu, die z. B. ruft: »Wer ist *in der Türkei* geboren?« Daraufhin bleiben alle Kinder, auf die dies zutrifft, stehen. Alle anderen Kinder gehen in die Hocke. Anschließend setzt das Trommelspiel wieder ein, zu dessen Rhythmus sich alle Kinder wieder frei im Raum bewegen. In den folgenden Runden sollten alle Länder, aus denen Kinder in der Gruppe stammen, erfragt werden.

Beispiele:
Alternativ könnte die Spielleitung auch fragen:
- »Wer hat Verwandte in Italien?«,
- »Wessen Eltern oder Großeltern sind in Griechenland geboren?«
- »Wer spricht ungarisch?«

Aus welchem Land kommt Olga?

Spielform: Kleingruppe
Material: ein Softball

Bis auf ein Kind bilden alle Kinder einen Kreis. Das Kind holt sich einen Softball und stellt sich in die Kreismitte. Es fragt: »Wer kann mein Herkunftsland erraten?« und wirft den Ball dann einem beliebigen Kind zu. Dieses fragt z. B.: »Gibt es in deinem Heimatland viele Moscheen?« Je nachdem, ob das zutrifft oder nicht, antwortet das Kind in der Mitte mit »Ja!« oder »Nein!«. Anschließend wirft der/die Fragende den Ball wieder

dem Kind in der Kreismitte zu, welches ihn einem weiteren Kind zuwirft. Konnten die Kinder insgesamt fünf Fragen stellen, dürfen sie nacheinander ihre Vermutungen preisgeben und ein Land benennen. Schließlich löst das Kind in der Kreismitte das Rätsel auf und teilt sein Herkunftsland mit. Anschließend darf ein neues Kind in die Kreismitte treten und das Spiel auf die gleiche Art wiederholen.

Wie ist es, blind zu sein?

Spielform: Partnerspiel/Kleingruppe
Material: für jedes zweite Kind eine Augenbinde

Wie orientieren sich eigentlich blinde Menschen? Und wie fühlt man sich, wenn man nichts sehen kann und auf die Hilfe seiner Mitmenschen angewiesen ist? Das Anderssein zu akzeptieren und Einfühlungsvermögen zu entwickeln können die Kinder durch das folgende Spiel lernen:

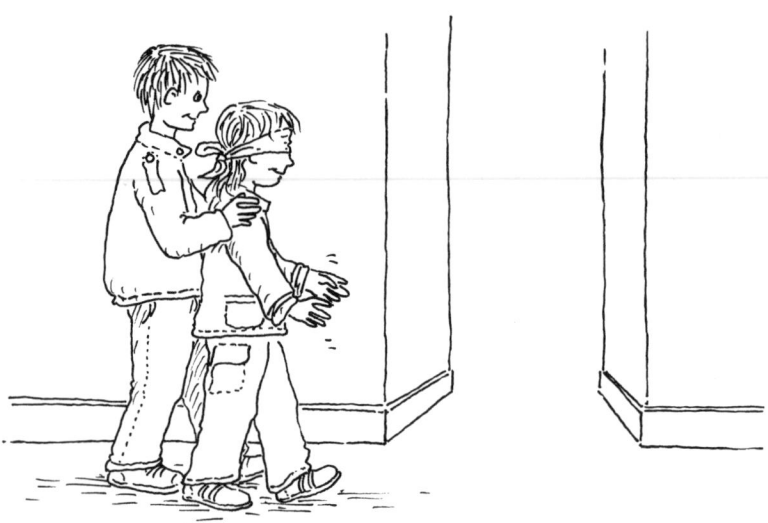

Die Kinder gehen zu zweit zusammen. Eines von ihnen bekommt die Augen verbunden. Danach geht es langsam durch den Raum. Das Partnerkind geht mit und gibt gegebenenfalls Anweisungen. Dabei versucht es jedoch, das »blinde« Kind nicht zu berühren. Nach einer Weile wird der Spaziergang durch die Spielleitung beendet. Die Kinder nehmen ihre Augenbinden ab und die ganze Gruppe trifft sich im Kreis. Die einzelnen Paare erzählen nacheinander, wie es ihnen ergangen ist.

Variation

Wie ergeht es Menschen, die im Rollstuhl sitzen? Ein Kind setzt sich auf einen Bürostuhl mit Rollen und versucht sich mit den Füßen fortzubewegen. Das zweite Kind geht nebenher und schiebt das Kind an, wenn es nötig ist. Aber wie gelangt das Kind auf dem Stuhl z. B. eine Treppe hinauf? Und wie kann es sich mit seinem Stuhl fortbewegen, wenn unterschiedliche Dinge als Hindernisse auf dem Boden liegen? Das sind interessante Fragen, welche die Kinder im Kreis gemeinsam zu klären versuchen.

Ich kenne ein Land, …

Spielform: Kleingruppe
Material: flotte Musik, ein Globus

Die Kinder bilden einen Kreis und blicken zu der Spielleitung, die den Globus vor den Füßen eines Kindes platziert. Während nun die Spielleitung die Musik einschaltet, fassen sich die Kinder an den Händen und tanzen rechts herum im Kreis. Sobald die Spielleitung die Musik stoppt, bleiben alle Kinder stehen und schauen zu dem Kind, das sich hinter dem Globus befindet. Dieses darf nun erzählen, aus welchem Land es kommt, und zeigen, wo dieses Land auf dem Globus zu finden ist. Es könnte auch verraten, welche Sprachen es spricht, wo es auf der Welt Freunde oder Verwandte hat oder welches sein Lieblingsland ist. Anschließend schaltet die Spielleitung die Musik wieder ein und das Kreisspiel beginnt von Neuem.

Wir machen eine Weltreise

Spielform: Partnerspiel/Kleingruppe
Material: eine kleine Weltkarte, dreißig Papierschnipsel, eine Spielfigur, ein Würfel
Spielvorbereitung: Die Kinder holen sich die Papierschnipsel und eine kleine Weltkarte, die sie auf der Tischmitte platzieren. Die Papierschnipsel verteilen sie auf der Weltkarte – möglichst gleichmäßig auf allen Kontinenten.

Die Kinder platzieren ihre Spielfigur vor einem Papierschnipsel. Danach beginnt das Würfelspiel. Nacheinander dürfen die Kinder je nach gewürfelter Augenzahl die Spielfigur über die entsprechende Anzahl von Papierschnipseln wandern lassen und diese dann entfernen. Auf diese Weise wird klar, wo sie noch nicht mit ihrer Spielfigur gewesen sind. Vor jedem weiteren Spielzug dürfen die Kinder sich gegenseitig berichten, was sie über den Kontinent auf dem die Spielfigur gerade steht, so alles wissen. Dabei können sie z. B. auch die Größe der einzelnen Kontinente miteinander vergleichen. Sollte ein Kind irgendwann eine höhere Punktzahl würfeln als Papierschnipsel übrig sind, darf sein rechtes Nachbarkind weiterwürfeln. Das Spiel ist beendet, wenn alle Papierschnipsel weg sind.

Wer erinnert sich?

Spielform: Kleingruppe
Material: ein Leintuch

Die Kinder befinden sich im Stuhlkreis. Die Spielleitung holt ein Leintuch, das sie in der Kreismitte ausbreitet. Sie wählt ein beliebiges Kind aus und fordert es auf, langsam um das Leintuch herumzugehen. Dabei betrachten es alle übrigen Kinder aufmerksam. Anschließend kriecht das Kind unter das Tuch, so dass der ganze Körper gut bedeckt ist. Anschließend fragt die Spielleitung z. B. Folgendes: »Wer glaubt, dass *Lea* braune Haare hat?«. Daraufhin stehen die betreffenden Kinder auf. Zur Kontrolle kriecht *Lea* wieder aus dem Leintuch heraus. Danach darf eines derjenigen Kinder, welche die richtige Antwort geben konnten, den Platz mit dem Kind in der Kreismitte tauschen und das Spiel wiederholen.

Beispiele:
»Wer glaubt, dass das Kind unter dem Tuch …

- eine Brille trägt?«,
- Locken hat?«,
- größer als *Patrick* ist?«

Überraschungsbild

Miteinander malen, ohne dabei etwas zu sehen, macht neugierig und weckt die Phantasie.

Spielform: Partnerspiel/Kleingruppe
Material: ruhige Instrumentalmusik, eine Triangel, für jedes Kind einen Wachsmalstift in einer anderen Farbe, einen weißen Tonkarton (DIN A 3) und eine Augenbinde

Die Kinder holen sich jeweils einen weißen Tonkarton und einen Wachsmalstift. Sitzen die Kinder an einem Tisch beisammen, verbindet die Spielleitung jedem die Augen. Danach schaltet sie die ruhige Instrumentalmusik ein, zu der die Kinder sich zum Malen inspirieren lassen. Sobald jedoch die Triangel erklingt, gibt jedes Kind seinen Tonkarton nach rechts weiter, so dass es selbst wieder vor einem neuen Tonkarton sitzt. Anschließend setzen die Kinder das Malspiel auf die gleiche Art fort. Erst wenn alle Kinder wieder vor ihrem ersten Tonkarton sitzen, bittet sie die Spielleitung ihre Augenbinden abzunehmen, um den Tisch herumzugehen und die einzelnen Kunstwerke zu bewundern. Bestimmt sind die Kinder von der Farbenvielfalt erstaunt. Die Kinder überlegen sich gemeinsam für jedes Kunstwerk einen Titel, der durchaus lustig sein kann.

Sich ohne Worte
verstehen

Körperhaltung, Gestik und Mimik verraten viel darüber, ob es der betreffenden Person gerade gut geht oder nicht. So signalisiert z. B. ein Lächeln Ausgeglichenheit und zitternde Unterlippen weisen auf Tränen hin. Kinder machen durch ihr Auftreten und Verhalten deutlich, was sie fühlen und was sie am liebsten gleich tun möchten. Ein Wutanfall zeigt sich, indem das Kind z. B. die Fäuste ballt, auf den Boden stampft, die Nase rümpft oder eine Schnute zieht. Im Gegensatz dazu, wird ein Kind, dem ein lang ersehnter Wunsch erfüllt wird, mit leuchtenden Augen vor uns stehen und vielleicht sogar begeistert in die Hände klatschen oder einen Luftsprung machen. Sowohl Kinder als auch Erwachsene können ohne viele Worte miteinander kommunizieren. Vor allem jüngere Kinder benutzen gerne ihre Hände und Füße, um einen Gegenstand oder ein Ereignis zu beschreiben. Darüber hinaus sind in verschiedenen Alltags-Situationen Gesten zur einfachen Verständigung allgemein üblich, beispielsweise wenn zum Abschied gewunken oder eine Frage durch einfaches Kopfnicken beantwortet wird. Bei den folgenden Spielen lernen die Kinder die grundlegenden Aspekte der Körpersprache bewusst wahrzunehmen und zu verstehen, indem sie ihre Spielkameraden genau beobachten oder ihre eigene Körpersprache einsetzen.

Stummes Memory

Spielform: Partnerspiel/Kleingruppe
Material: ein Memoryspiel

Die Kinder sitzen um einen Tisch herum. Sie verteilen die Kärtchen so auf dem Tisch, dass die Motive gut zu erkennen sind. Danach eröffnet eines der Kinder die Spielrunde und deutet mit dem Finger auf irgendein Motiv. Sofort machen sich alle Kinder auf die Suche nach dem gleichen Motiv. Konnte das Kartenpaar gefunden werden, dürfen sie dieses zur Seite legen. Anschließend darf das Kind, das rechts neben dem Ausgangskind sitzt, auf ein neues Motiv zeigen und somit das Spiel fortsetzen. Gelingt es der Gruppe, alle Kartenpaare wortlos und vor allem ohne Streitigkeiten ausfindig zu machen?

Was soll ich tun?

Spielform: Partnerspiel/Kleingruppe

Die Kinder bilden Paare. Eines der beiden Kinder erhält die Aufgabe, seinem Partnerkind ohne Worte verständlich zu machen, welche Aufgabe es erfüllen soll.

Beispiele:
- einen bestimmten Gegenstand holen
- seine Schuhe fester zubinden
- ein Papiertaschentuch holen
- …

Wurde die Aufgabe richtig erfüllt, wechseln die beiden Kinder ihre Rollen und wiederholen das Spiel.

Turmbau

Spielform: Partnerspiel/Kleingruppe
Material: für jedes Kind drei Holzbausteine

Alle Kinder holen sich jeweils drei Holzbausteine und setzen sich um einen Tisch. Danach erhalten sie die Aufgabe, miteinander – jedoch ohne Worte – einen hohen Turm zu bauen. Dazu wählt die Spielleitung ein beliebiges Kind aus, welches aufsteht und einen seiner Holzbauklötze auf die Tischmitte setzt. Danach blinzelt das Kind einem anderen zu. Während sich das erste Kind wieder auf seinen Stuhl setzt, darf das zweite Kind aufstehen, einen seiner Holzbausteine nehmen und damit den Turmbau auf der Tischmitte fortsetzen. Sollte jedoch der Turm einstürzen oder gar ein Kind zu Reden anfangen, beginnt das Spiel von vorne.

Schau her und komm!

Spielform: Kleingruppe
Material: eine Handtrommel

Alle Kinder bis auf eines stehen im Kreis und schließen ihre Augen. Das Kind geht möglichst leise um den Kreis herum und tippt dabei jedem zweiten Kind auf den Rücken, worauf ihm die Betreffenden folgen. Anschließend schlägt die Spielleitung einmal kräftig auf die Trommel. Daraufhin öffnen die Kinder, die noch auf der Kreisbahn stehen, ihre Augen. Alle übrigen begeben sich in die Kreismitte. Nacheinander blinzelt jedes Kind auf der Kreisbahn einem Kind im Innern des Kreises zu und »ruft« es so zurück auf die Kreisbahn. Stehen alle Kinder wieder im Kreis, ist das Spiel beendet.

Tier-Musikstopp

Spielform: Partnerspiel/Kleingruppe
Material: flotte Musik

Bis auf ein Kind suchen sich alle Kinder einen eigenen Platz im Raum. Die Spielleitung schaltet die Musik ein, zu deren Rhythmus das Kind z.B. wie ein Frosch im Raum herum hüpft. Dabei darf es jedoch keine Tiergeräusche von sich geben. Nach einer Weile stoppt die Spielleitung die Musik und das Kind bleibt stehen. Sobald die Musik wieder eingeschaltet wird, hüpfen die übrigen Kinder auf die gleiche Art durch den Raum. Das geht jedoch nur solange, bis die Spielleitung die Pausentaste erneut drückt. Wissen die übrigen Kinder wie das gesuchte Tier heißt? Eines derjenigen Kinder, welche die richtige Antwort gibt, wiederholt das Spiel, indem es z.B. mit beiden Armen so tut, als ob es wie ein Vogel fliegt.

Taschen verteilen

Spielform: Kleingruppe
Material: Kindergartentaschen

Abzuwarten, bis man an die Reihe kommt und sich schließlich per Handzeichen zu melden, ist für so manches Schulkind mit Schwierigkeiten verbunden. Dass man sich durchaus auch ohne Worte zu Erkennen geben kann, zeigt das folgende Spiel:

Alle Kinder legen ihre Kindergartentaschen auf einen Haufen, um den sie einen großzügigen Kreis bilden. Ein beliebiges Kind geht in die Kreismitte und nimmt sich – für alle Kinder gut sichtbar – eine Tasche. Das Kind, dem die Tasche gehört, hebt seinen Arm. Das Kind in der Mitte übergibt dem/der Besitzer/in die Tasche und tauscht mit ihm/ihr den Platz. Nun darf das Kind in der Mitte das Spiel mit einer neuen Tasche fortsetzen. Werden alle Taschen wortlos verteilt oder gelingt das nicht? Am nächsten Tag können die Kinder das Spiel gleich noch einmal ausprobieren.

Platztausch ohne Worte

Spielform: Kleingruppe

Bis auf eines sitzen alle Kinder im Stuhlkreis. Das Kind befindet sich im Innern des Kreises und stellt sich vor irgendein sitzendes Kind. Es gibt ihm ohne Worte zu verstehen, dass es mit ihm den Platz tauschen möchte. Nickt das ausgewählte Kind mit dem Kopf, tauschen die beiden ihre Plätze. Schüttelt es jedoch den Kopf, dann geht das Ausgangskind auf ein anderes Kind zu, um bei diesem sein Glück zu versuchen.

Gefühlskette

Spielform: Kleingruppe/Großgruppe

Die Kinder stellen sich hintereinander auf. Spielen mehr als zehn Kinder mit, bilden sie zwei bis drei gleich große Gruppen. Das Kind am Ende der Schlange beginnt und überlegt sich einen Gefühlszustand z.B. fröhlich, wütend, enttäuscht oder müde sein. Dann tippt es dem Kind vor ihm auf die Schulter, worauf dieses sich zu ihm umdreht. Nun stellt das erste Kind einen Gefühlszustand pantomimisch dar, z.B. Traurigkeit, indem es etwa den Kopf hängen lässt, mit der Unterlippe zittert oder die Schultern beugt. Anschließend dreht sich das zweite Kind wieder um, tippt dann seinem »Vordermann« auf die Schulter und gibt das Gefühl auf die gleiche Art weiter. Am Ende darf das vorderste Kind seine Vermutung preisgeben und den Gefühlszustand benennen. Sind alle Kinder der gleichen Meinung? Das Ausgangskind gibt Antwort und stellt sich vor die Schlange. Das Kind, das nun am Schlangenende steht, beginnt die nächste Spielrunde.

Welches Spielzeug ist gemeint?

Spielform: Kleingruppe
Material: für jedes Kind ein Spielzeug wie ein Holzauto, ein Holzzug, ein Teddybär und eine Puppe

Alle Kinder bis auf eines sitzen im Kreis und erhalten jeweils ein bestimmtes Spielzeug. Das Kind geht in die Kreismitte und sucht sich in Gedanken ein Spielzeug (z. B. ein Holzauto) aus, das es pantomimisch beschreibt (indem es z. B. so tut, als ob es Auto fahren würde). Daraufhin darf sich das Kind, dem das Spielzeug gehört, erheben. Gelingt die Aufgabe – oder steht vielleicht ein anderes Kind auf? Ist Letzteres der Fall, geht das Kind in der Mitte auf das gesuchte Kind zu. Anschließend tauschen die beiden ihre Plätze, und das Spiel beginnt von vorne.

Rechts oder links herum?

Spielform: Kleingruppe

Alle Kinder bis auf eines sitzen in einem Kreis, in dem die Stühle eng nebeneinander angeordnet sind. Das Kind steht in der Kreismitte und gibt Anweisungen. Streckt es den rechten Arm waagrecht aus und dreht sich dabei rechts um die eigene Achse, wechseln alle Kinder unaufhörlich einen Platz nach rechts im Uhrzeigersinn weiter. Wechselt das Kind jedoch den Arm und die Drehrichtung, dann rutschen alle Kinder solange einen Platz nach links weiter, bis eine neue Anweisung folgt. Je schneller die Anweisungen wechseln, desto lustiger und lebendiger wird das Spiel! Es ist besonder wichtig, dass alle Kinder stets das Kind in der Kreismitte im Auge behalten. Denn sobald dieses beide Arme waagrecht ausstreckt, tauschen alle Kinder ihre Plätze. Danach sucht sich das Kind in der Kreismitte eine/n Nachfolger/in für die nächste Runde und tauscht mit ihm/ihr den Platz.

Schlafmütze

Spielform: Kleingruppe

Die Gruppe sitzt im Kreis und ein Kind erteilt wortlos die Kommandos, indem es z. B. schnell aufsteht, sich im Schneidersitz auf seinen Stuhl setzt und schließlich direkt vor seinem Stuhl auf den Boden kniet. Die Kinder beobachten das Kind aufmerksam und machen sämtliche Bewegungsabläufe möglichst rasch nach. Wenn das Kind jedoch mit den Händen ein Dreieck bzw. eine Mütze über seinem Kopf andeutet, heißt es aufgepasst: Wer jetzt mitmacht, ist eine »Schlafmütze!« Anschließend darf ein neues Kind weitere stumme Bewegungs-Anweisungen geben.

Der stille König

Spielform: Kleingruppe/Großgruppe

Ein Kind übernimmt die Rolle des »stillen Königs« und stellt sich mit dem Rücken zu einer Wand auf. Die übrigen Kinder stellen sich in einer Reihe vor die gegenüberliegende Wand, fassen sich an den Händen und haben ihren Blick auf den »stillen König« gerichtet. Dieser gibt seine »Befehle«, indem er seine Körpersprache einsetzt. Läuft der »stille König« z. B. auf der Stelle, dann laufen alle Kinder solange Hand in Hand auf ihn zu, bis sie die gegenüberliegende Wand erreicht haben. Sobald jedoch ein Kind die Hand eines anderen loslässt oder spricht, fängt das Spiel von vorne an. Ist das der Fall, überlegt sich der »stille König« eine neue Fortbewegungsart, die die Kinder nachmachen. Wenn sie es schaffen, die gegenüberliegende Wand ohne Fehler auf die vorgegebene Weise zu erreichen, darf ein anderes Kind die Rolle des »stillen Königs« oder der »stillen Königin« übernehmen.

Mit der deutschen Sprache
vertraut werden

Kinder, die über gute Sprachkenntnisse verfügen, sind in der Lage ihre Wünsche, Gefühle und Anliegen zum Ausdruck zu bringen. Sie kennen die Bedeutung vieler Wörter, werden besser verstanden und können leichter über ihre Probleme sprechen. Aus diesem Grund ist es wichtig, dass wir mit den Kindern viel sprechen und auf das, was sie wissen wollen, eingehen. Dies setzt voraus, dass wir ihnen geduldig zuhören und ihre Fragen nicht vorschnell beantworten, sondern sie vor allem zum Nachdenken anregen. Auf diese Weise können Kinder eigene Ideen entwickeln und von ihren Einfällen berichten, die sie dann alleine oder mithilfe von anderen praktisch umsetzen.

Kinder, die über einen guten Wortschatz verfügen und sich grammatikalisch korrekt ausdrücken können, haben es viel leichter in der Schule. Die guten Sprachkenntnisse wirken sich positiv auf die Lernprozesse in sämtlichen Unterrichtsfächern aus und stärken das Selbstbewusstsein. In diesem Kapitel wurden zahlreiche Spiele zur Sprachförderung zusammengetragen, bei denen die Kinder mit der deutschen Sprache vertraut werden und einen guten Wortschatz aufbauen sowie ihre Artikulation und Grammatik verbessern können. Die vielseitigen Sprachförderspiele in diesem Kapitel richten sich aber keineswegs nur an Kinder mit Migrationshintergrund oder besonderen Sprachdefiziten. Sie motivieren zum gemeinsamen Tun und setzen Lernprozesse in Gang – deshalb sind sie für alle Kinder geeignet und von Nutzen.

Der, die oder das?

Spielform: Einzelbeschäftigung/Partnerspiel / Kleingruppe
Material: zwölf unterschiedliche kleine Dinge

Die Kinder holen zwölf unterschiedliche kleine Dinge, z.B. einen Bleistift, ein Lineal, ein Buch, einen Ring, eine Tasse, ein Taschentuch, eine Perle etc., die sie alle auf einem Tisch auslegen. Nachdem sich die Kinder an den Tisch gesetzt haben, beginnt die Spielleitung das Spiel, indem sie

z. B. »Die!« sagt. Nun versuchen die Kinder alle Gegenstände, deren Bezeichnung den genannten Artikel trägt – in diesem Fall z. B. die Tasse und die Perle – ausfindig zu machen und zu benennen. Wurde die Aufgabe richtig erfüllt, setzt die Spielleitung das Spiel auf die gleiche Art mit einem weiteren Artikel fort.

Was gehört dazu?

Spielform: Kleingruppe

Die Kinder stehen vor ihren Stühlen im Kreis. Die Spielleitung überlegt sich einen Oberbegriff und ruft zum Beispiel »Kleidung!«. Sie blinzelt einem beliebigen Kind zu. Dieses geht auf ein anderes Kind zu, stellt sich vor es hin und sagt zum Beispiel »Schuhe!«, während es auf die Schuhe seines Gegenübers zeigt. Danach tauschen die beiden Kinder ihre Plätze. Das erste setzt sich auf den Stuhl und das Kind in der Kreismitte beginnt die nächste Runde, indem es auf ein stehendes Kind zugeht, auf ein Kleidungsstück deutet und es benennt. Auch diese beiden tauschen die Plätze und das Spiel wird auf die gleiche Weise fortgesetzt. Sitzen alle Kinder im Stuhlkreis, ist das Spiel beendet. Sollte ein Kind einmal eine falsche Aussage treffen oder nichts Weiteres hinzufügen können, dürfen die anderen Kinder weiterhelfen.

Andere geeignete Oberbegriffe:

- Farben (Das Kind nennt eine Farbe und zeigt, wo es diese an seinem Partnerkind entdeckt hat.)
- Körper (Das Kind nennt einen Körperteil seines Gegenübers und deutet darauf.)
- Schmuck (Das Kind nennt ein Schmuckstück oder Accessoir wie z. B. Tuch, Kette, Haarspange usw. und zeigt darauf.)

Kennst du die Farben?

Spielform: Kleingruppe

Bis auf ein Kind bilden alle Kinder einen großzügigen Stuhlkreis. Das Kind geht im Innern des Kreises herum und benennt laut eine beliebige Farbe. Während das Kind in der Kreismitte stehen bleibt, schauen alle übrigen Kinder auf ihre Kleidungsstücke. Dabei zählt jeder noch so kleine Farbtupfer. Die betreffenden Kinder machen drei große Schritte in Richtung Kreismitte und geben sich gegenseitig die Hände. Alle übrigen Kinder bleiben auf ihren Stühlen sitzen. Konnten alle Kinder die Aufgabe gut erfüllen? Nachdem sich alle wieder hingesetzt haben, darf ein weiteres Kind in die Kreismitte gehen und das Spiel mit einer neuen Farbe wiederholen.

Aus zwei mach eins

Spielform: Einzelbeschäftigung/Partnerspiel/
Kleingruppe
Material: vierundzwanzig weiße Notizblätter,
ein schwarzer Filzstift

Spielvorbereitung: Alleine oder gemeinsam mit den Kindern überlegt sich die Spielleitung zwölf Wörter, in denen jeweils zwei Begriffe stecken wie z. B. Apfelkuchen, Taschenuhr, Haustüre, Notenheft etc. Dementsprechend malt sie auf die einzelnen Notizblätter jeweils einen Begriff z. B. einen Apfel, einen Kuchen, mehrere Taschen, eine Uhr, ein Haus, ein paar Noten und ein Heft auf.

Die Spielleitung verteilt die Karten überall auf dem Tisch und bittet eines der Kinder irgendein Motiv z. B. den Apfel laut zu benennen. Daraufhin versuchen alle Kinder ein dazu passendes Motiv zu finden, mit dem sie ein neues Wort bilden können (in diesem Fall z. B. den Kuchen zu »Apfelkuchen«). Anschließend darf ein weiteres Kind ein neues Motiv aussuchen und das Spiel wird gemeinsam fortgesetzt. Sind alle Kartenpaare gefunden, ist das Spiel beendet.

A wie Auto

Spielform: Partnerspiel/Kleingruppe

Alle Kinder sitzen direkt vor der Spielleitung, so dass sie deren Mundbewegungen beim Sprechen gut sehen können. Die Spielleitung wählt einen Buchstaben aus dem Alphabet und bildet dazu den entsprechenden Laut – deutlich hör-und sichtbar für die Gruppe (wählt sie z. B. das »B«, sagt sie nicht [be] sondern [b] und betont dabei die Bewegung der Lippen). Anschließend flüstert sie einem Kind ein Wort, das mit diesem Laut beginnt, ins Ohr. Das Kind stellt nun den genannten Begriff pantomimisch dar und die anderen versuchen, ihn zu erraten. Wer glaubt, das Wort zu kennen, hebt die Hand. Das Kind ruft eines der betreffenden Kinder auf und dieses gibt seine Vermutung preis. Dabei versucht es auch herauszufinden, ob das Wort tatsächlich mit dem genannten Laut beginnt. Ist dies der Fall, benennt die Spielleitung einen neuen Buchstaben bzw. Laut. Ansonsten dürfen die anderen Kinder weiterhelfen.

Variation
Die Spielleitung gibt keinen bestimmten Anlaut vor, sondern das Kind, das an der Reihe ist, denkt sich selbst irgend einen Begriff aus und stellt diesen pantomimisch dar. Die Gruppe versucht nun den Begriff zu erraten und am Ende den betreffenden Anlaut zu benennen.

Esel, Emu, Elefant

Spielform: Einzelbeschäftigung/Partnerspiel / Kleingruppe
Material: dreißig unterschiedliche Tier-Postkarten

Die Spielleitung verteilt dreißig unterschiedliche Tierbilder auf einem Tisch. Die Kinder sitzen drumherum, und erhalten die Aufgabe nach Tiernamen zu suchen, die mit einem bestimmten Laut beginnen, den die Spielleitung besonders deutlich ausspricht (auch hier achtet sie darauf, zu lautieren anstatt zu buchstabieren). Die Kinder legen die Postkarten mit den gesuchten Tieren zur Seite. Anschließend kontrollieren alle gemeinsam mit der Spielleitung die Karten bzw. Motive. Wurden alle Tiere gefunden? Für die zweite Runde werden alle Karten wieder zurückgelegt und das Spiel kann mit einem neuen Anfangsbuchstaben bzw. Anlaut weitergehen.

Von Kopf bis Fuß

Spielform: Einzelbeschäftigung/Partnerspiel / Kleingruppe
Material: eine große Papierrolle, ein dicker schwarzer Filzstift, jede Menge Wachsmalstifte
Spielvorbereitung: Die Spielleitung breitet auf dem Boden eine große Papierbahn aus, ein Kind legt sich mit dem Rücken darauf. Dabei sind die Arme leicht angewinkelt und die Beine etwas gespreizt. Die Spielleitung zeichnet die Körperumrisse ab. Danach setzen alle Kinder sich um die Papierbahn herum.

Die Spielleitung holt die Wachsmalstifte und eröffnet die Spielrunde, indem sie z.B. fragt: »Wo ist der Hals?« Die Kinder beantworten die Frage, indem sie den gesuchten Körperteil auf der Zeichnung zeigen. Anschließend malen zwei bis drei Kinder die betreffende Stelle aus. Danach setzt die Spielleitung das Spiel fort, indem sie nach einem weiteren Körperteil fragt z.B.: »Wo sind die Augenbrauen?«

Was ist in der Schatzkiste?

Spielform: Einzelbeschäftigung/Partnerspiel / Kleingruppe
Material: eine Kiste oder ähnliches, für jedes Kind einen kleinen Gegenstand

Die Kinder sitzen im Kreis. In ihrer Mitte platziert die Spielleitung eine Kiste, die einige kleine »Schätze« enthält (z. B. eine Perlenkette, eine Münze, einen silbernen Kerzenhalter, eine Taucherbrille, eine Badehose etc.) Die Spielleitung erzählt den Kindern, dass sie während ihres letzten Tauchgangs in der Karibik eine Schatzkiste gefunden hat. Bestimmt möchten die Kinder wissen, was sich in der Kiste befindet. Sie bittet eines der Kinder in die Kreismitte zu gehen und die Kiste vorsichtig zu öffnen. Das Kind benennt einen Gegenstand, den es darin entdeckt hat, z. B. so:»Ich sehe einen Kerzenhalter«, holt diesen dann heraus und stellt ihn neben die Kiste. Danach setzt sich das Kind wieder auf seinen Platz und die Spielleitung ruft nacheinander alle Kinder auf, bis alle Gegenstände neben der Kiste liegen. Nun versuchen die Kinder, sich die Gegenstände gut einzuprägen. Anschließend legen sie alles wieder in die Kiste hinein. Wer kann sich jetzt noch an die einzelnen Gegenstände erinnern? Ein Kind nach dem anderen darf einen Gegenstand nennen, den die Spielleitung dann aus der Kiste herausholt.

Zootiere gesucht!

Spielform: Einzelbeschäftigung/Partnerspiel / Kleingruppe
Material: zwanzig kleine Holztiere, von denen zwölf im Zoo leben können

Die Spielleitung holt zwanzig Holztiere, die sie auf dem Tisch platziert. Miteinander versuchen die Kinder zwölf Tiere herauszufinden, die man im Zoo antreffen könnte und stellen diese nebeneinander auf den Tisch. Bestätigt die Spielleitung, dass alle Zootiere gefunden wurden, darf eines der Kinder einen Satz mit dem ersten Zootier aus der Reihe bilden, indem es z. B. sagt: »Im Zoo gibt es Elefanten!« Danach kommt ein anderes Kind an die Reihe, welches den Satz wiederholt und dann das zweite Zootier hinzufügt, indem es z. B. sagt: »Im Zoo gibt es Elefanten und Löwen!« Auf diese Art wird das Spiel immer weitergeführt, bis alle Zootiere der Reihe nach in einem Satz benannt wurden.

Silben zählen

Spielform: Einzelbeschäftigung/Partnerspiel / Kleingruppe
Material: vier weiße Notizblätter, ein schwarzer Filzstift, für jedes Kind eine Spielfigur oder einen Korken
Spielvorbereitung: Die Spielleitung malt auf die einzelnen Blätter jeweils eine bestimmte Punktzahl von 1 bis 6 (ähnlich wie bei einem Würfel) auf.

Die Spielleitung verteilt die Blätter mit den Punkten gut sichtbar auf einem Tisch, an den sich die Kinder setzen. Dann teilt sie die Spielfiguren aus und sagt ein beliebiges deutsches Wort z. B. »Te-le-fon«, jeweils mit einer kleinen Pause zwischen den Silben. Die Aufgabe der Kinder besteht darin, die Anzahl der Silben herauszufinden und die Spielfigur auf das Blatt mit der entsprechenden Punktzahl zu setzen. Zur Kontrolle spricht die Spielleitung das Wort noch einmal auf die gleiche Art aus und zeigt dabei mit den Fingern die Silbenanzahl an. Nach ein paar Durchgängen darf ein Kind die Rolle der Spielleitung übernehmen und auf die gleiche Art ein neues Wort vorstellen.

Steinhart oder spiegelglatt?

Spielform: Kleingruppe
Material: flotte Musik, einige Gegenstände oder Materialien mit möglichst unterschiedlichen Oberflächen, z. B. ein Eisenstück, ein Wattebausch, ein Stück Schmirgelpapier oder ein kleiner Spiegel; von jeder Sorte sollten 2–4 Exemplare vorhanden sein.

Jedes Kind bekommt einen Gegenstand. Danach bilden alle einen Kreis und zwar so, dass nie zwei Kinder mit dem gleichen Gegenstand nebeneinander stehen. Nun schaltet die Spielleitung die Musik ein und die Kinder geben ihre Gegenstände im Uhrzeigersinn von Hand zu Hand weiter. Wenn irgendwann die Musik stoppt, ist dies das Signal für die Kinder, die Weitergabe zu unterbrechen. Die Spielleitung benennt nun einen der Gegenstände. Sagt sie z. B. »Spiegel«, treten die Kinder, die einen Spiegel in den Händen halten, einen Schritt in Richtung Kreismitte. Danach stellt die Spielleitung den betreffenden Kindern folgende Frage: »Wie fühlt sich der Spiegel an? Glatt oder rau?« Nacheinander versuchen die Kinder, die Frage in einem Satz zu beantworten. Am Schluss gibt die Spielleitung die Antwort und sagt: »Der Spiegel ist glatt!« Anschließend bittet sie die Kinder, wieder an ihre Plätze zurückzugehen. Sie schaltet die Musik wieder ein und die nächste Runde beginnt.

Beispiele:

- »Ist das Eisenstück kalt oder warm?
- »Ist das Lineal schmal oder breit?«
- »Ist der Wattebausch leicht oder schwer?« etc.

Bilder raten

Spielform: Einzelbeschäftigung/Partnerspiel/Kleingruppe
Material: sechs große Bilder oder Poster mit landschaftlichen Szenen, bei denen es viel zu entdecken gibt, Tesafilm

Die Kinder hängen die Bilder direkt nebeneinander an eine freie Wand. Sie stellen sich mit etwa einem Meter Abstand vor den Bildern auf und hören gespannt der Spielleitung zu. Diese steht direkt hinter ihnen und beschreibt eines der Bilder, indem sie z. B. sagt: »Auf meinem Bild sind Bäume, eine Blumenwiese und eine Bank zu sehen.« Sie bittet die Kinder, genau hinzuschauen, um welches Bild es sich handeln könnte und sich dann vor das vermutete Bild zu stellen. Wenn alle Kinder vor dem richtigen Bild stehen, darf eines von ihnen als Spielleitung die nächste Runde beginnen.

Kuscheltiere und Spielzeugautos

Spielform: Kleingruppe
Material: für alle Kinder bis auf eines jeweils ein Spielzeug

Alle Kinder bis auf eines holen sich ein Spielzeug und bilden einen Kreis. Das Kind ohne Spielzeug steht in der Kreismitte und schaut sich genau an, was die anderen in den Händen halten. Dann geht es auf irgendein Kind zu, bleibt vor diesem stehen und bildet einen Satz, in dem das ausgewählte Spielzeug vorkommt. Es sagt z. B.: »Der Teddybär hat große Ohren und ist braun!« Nachdem es den Satz gesprochen hat, erhält es das Spielzeug. Es wechselt mit dem betreffenden Kind den Platz, und dieses sich macht sich nun auf die Suche nach einem neuen Spielzeug.

Sag, wie geht es dir?

Es tut gut, über die eigenen Empfindungen und Stimmungen zu sprechen. Trotzdem ist es für kleine und große Leute nicht immer leicht, die richtigen Worte zu finden. Damit die Kinder frühzeitig lernen, sich ihrer eigenen Gefühle bewusst zu werden, ist es sehr wichtig, dass sie angenehme und unangenehme Empfindungen kennen, unterscheiden und einschätzen lernen.

Bei den folgenden Spielen lernen sie unterschiedliche Gefühle bewusst wahrzunehmen und sich damit auseinanderzusetzen. Gleichzeitig entwickeln sie die Fähigkeit, über das, was sie augenblicklich innerlich bewegt, zu sprechen. Sie lernen, sich gegenseitig zuzuhören, die Empfindungen anderer wahrzunehmen und zu respektieren. Dabei entdecken sie auch die eine oder andere Gemeinsamkeit, die sie miteinander verbindet.

Darüber hinaus gibt es in diesem Kapitel einige Spiele, die dabei helfen können, schlecht gelaunte, wütende oder gar ängstliche Kinder (wieder) gut in die Gruppe zu integrieren. Spielerisch lernen die Kinder, sich insbesondere mit ihren negativen Gefühlen auseinanderzusetzen und diese anderen Personen in angemessener Weise zu vermitteln. Das gegenseitige Einfühlungsvermögen wird insgesamt gefördert, sodass alle Kinder sich in der Gruppe (bald wieder) wohl fühlen.

Wer strahlt wie die Sonne?

Spielform: Kleingruppe
Material: ein weißer Tonkarton (DIN A2), gelbe Plakafarbe,
eine Handtrommel
Vorbereitung: Die Kinder malen eine gelbe Sonne auf den weißen
Tonkarton.

Die Kinder legen ihre »Sonne« in die Raummitte. Zum Rhythmus der Trommel bewegen sich alle Kinder frei im Raum. Stoppt das Trommel-

spiel, bleiben die Kinder stehen und überlegen sich, wie sie sich gerade fühlen. Diejenigen Kinder, die meinen, dass sie glücklich sind, laufen zur »Sonne« und bleiben vor dem Plakat stehen. Alle übrigen Kinder setzen sie sich auf den Boden. Anschließend bilden die Kinder einen Stuhlkreis. Die Kinder, die nicht die »Sonne« ausgewählt haben, dürfen nacheinander erzählen, was sie gerade innerlich bewegt. Miteinander überlegen die Kinder, wie sie dem betreffenden Kind vielleicht helfen können.

Wo ist der Miesepeter?

Spielform: Kleingruppe

Was tun, wenn ein Kind schmollt und gerade zu nichts Lust hat? Vorwürfe und Sanktionen sind wohl nicht der richtige Weg. Vielmehr sollten die Kinder auch andere Möglichkeiten kennenlernen, welche zu einer heiteren Stimmung beitragen.

Alle Kinder bis auf eines stehen in einem großzügigen Kreis beisammen. Das Kind stellt sich in die Kreismitte und schließt die Augen, während die Spielleitung einem anderen Kind zublinzelt, das den Miesepeter spielt. Anschließend darf das Kind in der Mitte seine Augen wieder öffnen. Seine Aufgabe besteht nun darin, den »Miesepeter« zu finden. Damit das gut gelingt, deutet es auf irgendein Kind. Sollte das ausgewählte Kind fröhlich sein, was es z. B. dadurch zeigt, dass es lacht, einen Luftsprung macht oder vor lauter Freude die Arme nach oben reißt, setzt es seine Suche auf die gleiche Art fort. Erst wenn das neu ausgewählte Kind einen Schmollmund macht und seine Arme vor der Brust verschränkt, ist der »Miesepeter« gefunden. In diesem Moment ruft das Kind in der Mitte laut: »Soll ich dich zum Lachen bringen?« Während nun der »Miesepeter« die Frage bejaht, geht das Kind in seine Richtung, um ihn zu kitzeln. Daraufhin läuft der »Miesepeter« möglichst schnell einmal um den Außenkreis herum. Dabei nimmt das Kind mit seinen »Kitzelhänden« die Verfolgung auf. Erreicht der »Miesepeter« wieder seinen Ausgangsplatz, bevor sein »Verfolger« ihn berühren kann, ist das Spiel beendet. Andernfalls darf das Kind den »Miesepeter« solange kitzeln, bis dieser zu Lachen anfängt. So oder so – der »Miesepeter« ist nach dem rasanten Rundlauf garantiert viel besser gelaunt!

Gesichter der Freude

Spielform: Kleingruppe

Wie sich unterschiedliche Gefühlszustände bei ihnen selbst und bei anderen Menschen zeigen können, erleben die Kinder durch das folgende Spiel:

Die Kinder stehen im Kreis. In der ersten Runde erhält jedes zweite Kind die Aufgabe, durch Mimik und Körperhaltung das Gefühl »Freude« zum Ausdruck zu bringen. Die betreffenden Kinder könnten z.B. fröhlich lächeln und einen Luftsprung machen, vor Freude in die Hände klatschen, juchzen oder auf der Stelle hüpfen. Die Übrigen beobachten die Verhaltensweisen der einzelnen Kinder und versuchen Gemeinsamkeiten und Unterschiede herauszufinden, die sie dann der Reihe nach benennen. Anschließend findet ein Rollentausch statt. Allerdings bringen die Kinder jetzt einen anderen Gefühlszustand zum Ausdruck, z.B. wütend oder traurig sein.

Gemeinsam über die Brücke

Spielform: Partnerspiel/Kleingruppe
Material: mehrere Gymnastikseile
Spielvorbereitung: Die Spielleitung verknotet die Seilenden miteinander, die sie dann auf den Boden ausbreitet.

Die Kinder befinden sich in einem »Dschungel« und kommen direkt vor eine Schlucht, die sie lediglich über eine Hängebrücke (dargestellt durch das lange Seil auf dem Boden) überqueren können. Werden sie die Aufgabe miteinander bewältigen?

Die Kinder stehen direkt nebeneinander vor der Hängebrücke bzw. einem Seilende und überlegen miteinander, wie sie am besten das andere Ende erreichen können. Ideen, wie z. B. nicht nach unten schauen, sich gegenseitig nicht schubsen, sondern die Hand geben, werden zusammengetragen und sollen helfen, mögliche Ängste und Bedenken zu überwinden. Anschließend halten die Kinder sich an den Händen und gehen seitlich und nicht so schnell über das Seil. Dabei achten sie darauf, dass sie mit ihren Füßen möglichst nicht den Boden berühren. Konnten alle Kinder das andere Seilende erreichen, bilden sie einen Kreis und berichten nacheinander, wie es ihnen beim Überqueren der Brücke bzw. des Seils ergangen ist.

Wie können wir dich trösten?

Spielform: Kleingruppe
Material: eine kleine Kugel aus Holz oder Ähnliches

Fühlt sich ein Kind nicht so gut, weil es z. B. gestolpert ist und sich dabei weh getan hat, dann sind tröstende Worte sehr hilfreich, welche die Kinder folgendermaßen formulieren können:

Die Kinder stehen im Kreis beisammen. Das Kind, das rechts neben dem »traurigen« Kind steht, erhält die Kugel und somit das Wort. Es sagt z. B. »Möchtest du, dass wir dich umarmen?« Das Kind denkt darüber nach und kann die Frage entweder bejahen oder verneinen. Anschließend wird die Kugel nach rechts an das nächste Kind weitergereicht, welches sich eine neue Frage überlegt, z. B.: »Sollen wir ein lustiges Spiel machen?« Auf diese Weise wandert die Kugel von Hand zu Hand im Kreis herum. Sobald jedoch das Kind, das getröstet werden soll, die Kugel in den Händen hält, darf es sich bis zu drei Ideen aussuchen, welche die Kinder dann miteinander in die Praxis umsetzen.

Weitere Beispiele:
»Möchtest du, dass wir ...
- Faxen machen?«,
- dir ein Bonbon schenken?«,
- dir ein Lied vorsingen?«

Ich bin traurig, weil ...

Spielform: Partnerspiel
Material: je eine grüne, gelbe und rote Karte

Zwei Kinder, die miteinander in Streit geraten sind, sitzen sich an einem Tisch gegenüber. Die Spielleitung holt eine grüne, eine gelbe und eine rote Karte – diese sollen dabei helfen, den Konflikt zu klären. Eines der beiden Kinder beginnt das Gespräch und sagt z. B. warum es so viele Tränen vergossen hat. Kann sein Gegenüber den Gefühlsausbruch verstehen, zeigt es die grüne Karte. Ist das Kind sich unschlüssig, nimmt es die gelbe Karte. Falls es jedoch das Verhalten nicht nachvollziehen kann, nimmt es die rote Karte und versucht seine Meinung zu begründen. Anschließend bildet dieses Kind auf die gleiche Art einen neuen Satz und das andere Kind hört geduldig zu, um sich dann ebenfalls für eine der drei Karten zu entscheiden.

Ich bin glücklich, weil ...

Spielform: Partnerspiel/Kleingruppe
Material: ein roter Tonkarton (DIN A4), ein Bleistift, eine Schere,
Spielvorbereitung: Die Spielleitung zeichnet auf den roten Tonkarton ein
Herz, das ein Kind ausschneiden darf.

*Es ist relativ leicht, das Augenmerk auf die Sachen zu richten, die nicht so gut
funktionieren und vielleicht Bauchschmerzen verursachen. Umso wichtiger ist
es dann, dass Kinder lernen, sich auf die Dinge zu besinnen, die sie besonders
gut können und die ihnen viel Freude bereiten.*

Die Kinder stehen im Kreis. Ein beliebiges Kind erhält
das Karton-Herz und überlegt sich, was heute besonders
gut gewesen ist. Es stellt sich in die Mitte, hält das
Herz in die Höhe und sagt z.B.: »Ich bin glücklich,
weil wir heute im Garten spielen konnten!« Anschließend übergibt es das Herz einem anderen
Kind, mit dem es den Platz tauscht und das jetzt z.B.
sagt: »Ich habe mich sehr darüber gefreut, dass wir so
viel Zeit zum Spielen hatten«. Danach geht auch dieses Kind auf ein anderes zu, um ihm das Herz zu über-
reichen. Auf diese Weise wird das Spiel immer weitergeführt, bis alle etwas Positives zum Tag sagen
konnten.

Wohin mit der Wut?

Spielform: Kleingruppe
Material: ein Softball

*Wenn Kinder sich gegenseitig beschimpfen oder gar schlagen, kann nach einem
klärenden Gespräch folgendes Spiel hilfreich sein:*

54

Alle Kinder sitzen im Kreis. Die Spielleitung holt einen Ball, stellt sich in die Kreismitte und sagt z. B.: »Wenn ich wütend bin, dann gehe ich joggen!« Anschließend wirft sie den Ball einem anderen Kind zu und fragt: »Und was machst du, wenn du wütend bist?« Das Kind fängt den Ball, wechselt mit der Spielleitung den Platz und sagt z. B.: »Wenn ich wütend bin, dann trample ich kräftig auf den Boden!« Auf diese Weise wird das Spiel immer weitergeführt, bis alle Kinder sich äußern konnten.

Beispiele:
»Wenn ich wütend bin, dann ...
● boxe ich gegen einen Sack!«
● sage ich was mir stinkt!«
● gehe ich in mein Kinderzimmer!«

Ich möchte gerne ...

Spielform: Partnerspiel/Kleingruppe
Material: ein Gymnastikreifen, eine Handtrommel

Bei dem folgenden Spiel üben die Kinder Satzanfänge mit Ich-Botschaften zu bilden, mit dem Ziel, das was sie z. B. ärgert oder kränkt den anderen sachlich mitzuteilen.

Die Spielleitung legt einen Gymnastikreifen auf den Boden, die Kinder stellen sich drumherum. Zu jedem Trommelschlag, den die Spielleitung jetzt macht, tippen die Kinder der Reihe nach mit ihrer rechten Fußspitze kurz in den Reifen. Das geht solange, bis die Spielleitung die Hand hebt. Daraufhin darf das Kind, dessen Fußspitze sich gerade im Reifen befindet, einen Satz mit einem Anliegen formulieren, z. B.: »Ich möchte gerne, dass ihr mich in der Bauecke mitspielen lasst!« Danach fängt das Spiel von vorne an.

Ich habe schlechte Laune!

Spielform: Kleingruppe

Bemerkt die Spielleitung, dass ein Kind schlecht gelaunt in den Spielkreis kommt, dann kann sie folgenden Text laut vorlesen, den die Kinder gleich darstellen:

Geht es mir mal nicht so gut,
boxe ich gegen einen Sack vor Wut!
Alle Kinder tun so, als ob sie gegen einen Sack boxen würden.

Auch jogge ich um das ganze Haus herum
und drehe mich einfach nicht um.
Alle Kinder laufen um ihren Stuhl herum.

Bin ich schlecht gelaunt, bleibe ich gerne zu Haus
und ruhe mich einfach ein wenig aus.
Alle Kinder bleiben kurz stehen und setzen sich dann auf ihren Stuhl.

Auf meinem Stuhl schaukle ich hin und her, hin und her
und dann ... (kurze Pause) ... schaukle ich viel zu sehr!
Die Kinder schaukeln auf ihrem Stuhl hin und her, um ihre Spannungen abzubauen. Irgendwann tun sie jedoch so, als ob sie das Gleichgewicht verlieren würden. Dabei lassen sie sich einfach auf den Boden fallen, was meist mit viel Gelächter verbunden ist.

Hase, hüpf mit mir!

Spielform: Kleingruppe
Material: für die Hälfte der Gruppe je ein Gymnastikreifen, eine Handtrommel

Insbesondere Kinder, die unsicher und ängstlich sind, können durch das folgende Spiel lernen, unbefangen auf andere Kinder zuzugehen.

Die Hälfte der Kinder holt sich jeweils einen Gymnastikreifen und sucht sich einen Platz im Raum, an dem der Reifen abgelegt wird. Während diese Kinder sich in ihren Reifen stellen, hüpfen alle Übrigen wie Hasen kreuz und quer durch den Raum. Sobald jedoch die Spielleitung einmal kräftig trommelt, suchen sich die »Hasen« jeweils einen Partner, der sich in einem Reifen befindet. Anschließend hüpfen die »Hasen-Paare« so-lange Hand in Hand durch den Raum, bis erneut ein Trommelschlag er-folgt. Daraufhin hüpft die Hälfte der Kinder wieder in ihre Reifen. Alle übrigen Kinder bleiben stehen und spielen in der nächsten Spielrunde z. B. schwerfällige Elefanten, die durch den Raum stampfen. Nach eini-gen Spielrunden tauschen die beiden Gruppen ihre Standorte.

Zwinkerhexe

Spielform: Kleingruppe

Wenn Kinder es vermeiden, Blickkontakt zu ihren Gesprächspartnern herzu-stellen, dann deutet das auf ein geringes Selbstbewusstsein hin. Das folgende Spiel hilft den betroffenen Kindern ihre Scheu abzubauen und voller Freude auf andere Kinder zuzugehen.

Alle Kinder stehen in einem großzügigen Kreis. Ein beliebiges Kind fängt das Spiel an, indem es einem anderen Kind aus dem Kreis zuzwinkert. Während nun die Gruppe folgendes sagt: »Eins, zwei, drei, vier, fünf und sechs, sei so schnell wie eine Hex!«, tauschen die beiden Kinder ihre Plätze. Danach darf ein weiteres Kind das Spiel auf die gleiche Art fortsetzen.

Eine Welt –
viele Sprachen

Im Kindergarten und in der Schule kommen Kinder zusammen, die unterschiedliche Dialekte und Sprachen sprechen. Fremd klingende Wörter und Sätze sind den Kindern im Alltag also längst vertraut. Selbst wenn alle Kinder in der Einrichtung Deutsch sprechen, sollten sie die Möglichkeit erhalten, bewusst die eine oder andere Fremdsprache zu entdecken und als Bereicherung zu erleben.

Bei den folgenden Spielen erhalten die Kinder ausreichend Gelegenheit, die Sprache(n) vorzustellen, die sie selbst gut beherrschen. Dabei zeigen sie ihr Können, indem sie z.B. einzelne Wörter oder gar ganze Sätze in »ihrer« Sprache vorsprechen und diese übersetzen. Anschließend darf die Gruppe das Gehörte nachsprechen. Die Freude über das Gelernte erfüllt die Kinder mit Stolz und stärkt ihr Selbstvertrauen. Der spielerische Umgang mit der Sprachenvielfalt macht Spaß und motiviert die Kinder, eine Fremdsprache zu erlernen.

Wie spricht man in Australien?

Spielform: Einzelbeschäftigung/Partnerspiel/Kleingruppe
Material: eine Augenbinde, eine Weltkarte oder ein Globus

Die Kinder sitzen um einen Tisch, auf dem sich eine Weltkarte oder ein Globus befindet. Sie wählen eines aus ihrer Mitte aus, das das Spiel beginnen darf. Die Spielleitung verbindet diesem Kind die Augen und führt seine Hände zur Karte bzw. zum Globus hin. Nachdem es seinen Zeigefinger eine Weile hat kreisen lassen, legt es ihn schließlich auf einen Punkt der Karte bzw. des Globus. Sobald das Kind auf ein Land zeigt, nimmt die Spielleitung ihm die Augenbinde ab. Währenddessen versuchen die übrigen Kinder herauszufinden, wie das Land heißt. Bestätigt die Spielleitung eine Antwort, dürfen die Kinder nacheinander sagen, in welcher Sprache sich die Menschen ihrer Meinung nach in dem betreffenden Land vorwiegend unterhalten. Beherrscht ein Kind die gesuchte Sprache? Falls ja, wiederholt es das Spiel. Ansonsten darf das Ausgangskind noch einmal auf irgendein Land deuten.

59

Wer spricht Spanisch?

Spielform: Kleingruppe/Großgruppe

Die Kinder bilden einen Stuhlkreis. Ein beliebiges Kind eröffnet die Spielrunde und fragt z.B.: »Wer spricht Spanisch?« Meldet sich kein Kind, fragt es z.B. danach, welche Kinder in der Runde Italienisch sprechen. Alle Kinder, auf die dies zutrifft, stehen auf und suchen sich ein Kind im Kreis aus, welches sie auf Italienisch begrüßen. Bevor sich alle wieder hinsetzen, zählen die Kinder noch, wie viele aus ihrer Mitte die genannte Sprache sprechen können. Dann geht das Spiel im Uhrzeigersinn mit dem nächsten Kind und einer anderen Sprache weiter.

Länder und Sprachen

Spielform: Kleingruppe
Material: eine Handtrommel, sechs Bogen weißen Tonkarton (DIN A4), Wachsmalstifte
Vorbereitung: Die Kinder malen auf jeden Bogen Tonkarton jeweils eine andere Nationalflagge

Zum Rhythmus der Trommel laufen alle Kinder kreuz und quer durch den Raum. Irgendwann jedoch stoppt das Trommelspiel. Die Kinder bleiben wie versteinert stehen und blicken zu der Spielleitung. Diese hält nun eine der gemalten Flaggen gut sichtbar hoch und ruft dazu laut den Namen des jeweiligen Landes. Die Kinder, die ein Wort in der betreffenden Landessprache kennen oder sich gar in dieser Sprache unterhalten können, laufen zur Spielleitung, um ihre Sprachkenntnisse gegenseitig unter Beweis zu stellen. Danach beginnt eine neue Spielrunde mit der Trommel.

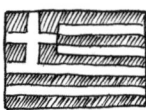  

Ciao und Hallo

Spielform: Kleingruppe
Material: flotte Musik, für jedes Kind einen Reifen und halb so viele Luftballons

Immer zwei Kinder holen sich einen Luftballon und zwei Reifen, die sie mit einem kleinen Abstand zueinander auf dem Boden platzieren. In einen Reifen legen sie den Luftballon. Danach schaltet die Spielleitung die Musik ein, zu deren Rhythmus die Kinder sich durch den Raum bewegen. Irgendwann jedoch hält die Spielleitung die Musik an. Daraufhin versuchen alle Kinder möglichst schnell einen Reifen mit oder ohne Luftballon zu ergattern. Stehen zwei Kinder in benachbarten Reifen, dürfen sie einander in ihrer jeweiligen Muttersprache begrüßen und sich dabei den Luftballon gegenseitig zuwerfen. Anschließend schaltet die Spielleitung die Musik wieder ein, und alle Kinder bewegen sich wieder einzeln rhythmisch durch den Raum.

Vorschläge:
- England: »Hello!«, »Hey!«
- Frankreich: »Bonjour!«
- Italien: »Ciao!«
- Spanien/Portugal: »Olá!«
- Griechenland: »Ja sou!«
- Türkei: »Merhaba!«

Hochdeutsch oder Dialekt?

Spielform: Einzelbeschäftigung/Partnerspiel/Kleingruppe
Material: ein Tischtennisball

Ein Dialekt schweißt zusammen, steht für Gemütlichkeit und grenzt von anderen Regionen ab. Viele Menschen stehen zu ihrem Dialekt und haben zum Teil große Schwierigkeiten Hochdeutsch zu sprechen.

Die Kinder sitzen an einem Tisch und lauschen den Worten der Spielleitung, die etwas auf Hochdeutsch oder in einem deutschen Dialekt sagen kann. Anschließend rollt sie den Tischtennisball einem beliebigen Kind zu. Kann das betreffende Kind herausfinden, ob die Spielleitung Hochdeutsch gesprochen hat oder nicht? Erst wenn die Spielleitung die Antwort bestätigt, rollt es den Ball einem weiteren Kind zu und sagt dazu z. B. etwas auf Sächsisch. Das Spiel ist beendet, wenn alle Kinder wenigstens einmal den Ball erhalten haben und eine Antwort geben konnten.

Vorschläge:

- Schwäbisch: Baom (Baum), Fraed (Freund), Mêis (Mäuse), s Hêisle (das Häuschen), Fêier (Feuer) etc.
- Bayrisch: Butzerl (Baby), bi staad! (sei still!), barfuaßat (barfuß), Radi (Rettich), Host mi? (Hast du mich verstanden?)
- Sächsisch: einsaggn (einpacken), ennschulschnse (entschuldigen Sie), bohfn (schlafen), nährschln (nörgeln), nuschln (undeutlich sprechen)
- Westfälisch: iäten (essen), Fuegel (Vogel), uapen (offen), küern (reden, sprechen)
- Ostfriesisch: Teetied (Teezeit), Trekpot (Teekanne), Kluntje (Stück Kandiszucker), Ühr (Uhr), neet (nicht)

Güle Güle!

Spielform: Kleingruppe/Großgruppe
Material: flotte Musik, für jedes Kind einen Reifen

Die Kinder legen ihre Reifen in einer Reihe dicht nebeneinander auf den Boden. Die Spielleitung schaltet die Musik ein, zu der die Kinder sich im Kreis um die Reifenreihe herum bewegen. Stoppt die Spielleitung die Musik, stellen sich alle so schnell wie möglich in einen freien Reifen. Das Kind im ersten Reifen nennt nun einen Abschiedsgruß in der Sprache seiner Wahl, mit dem sich dann jedes Kind in der Reihe von seinem linken und rechten Nachbarn verabschieden darf. Anschließend schaltet die Spielleitung die Musik wieder ein und die nächste Runde beginnt.

Vorschläge:

- England: »Bye!« »Bye Bye!« »Goodbye!«
- Frankreich: »Au revoir!«
- Italien: »Arrivederci!« oder »Ciao!«
- Spanien: »Adiós!«, »Hasta luego!«, oder »Hasta la vista!«
- Portugal: »Até logo!« oder »Adeus!«
- Griechenland: » A'dio!« oder »Ja xa'ra!«
- Türkei: »Güle güle!«

Wir zählen auf Griechisch

Spielform: Kleingruppe/Großgruppe

Bis auf eines sitzen alle Kinder im Stuhlkreis. Das Kind stellt sich in die Kreismitte und darf in der Sprache seiner Wahl (nicht auf Deutsch) so weit zählen, wie es kann oder möchte – maximal bis Zehn. Dabei deutet es bei jeder Zahl auf irgendein Kind, das daraufhin aufsteht. Währenddessen wiederholen die übrigen Kinder die genannte Zahl und zählen mit ihren Fingern mit. Anschließend geht das Kind in der Mitte auf irgendein Kind zu, das noch auf seinem Stuhl sitzt. Dieses versucht nun die zuletzt genannte Zahl auf Deutsch zu benennen. Zur Kontrolle zählt es auf Deutsch die einzelnen Kinder, die vor ihren Stühlen stehen. Zeigt sich, dass es die richtige Zahl genannt hat, dann tauscht es mit dem Kind in der Mitte seinen Platz und darf in der nächsten Runde in einer anderen Sprache »vorzählen«. Andernfalls bleibt das Kind aus der vorigen Runde in der Mitte und wiederholt das Spiel.

Zahlen von 1 bis 10 in verschiedenen Sprachen:

- England: one, two, three, four, five, six, seven, eight, nine, ten
- Frankreich: un, deux, trois, quatre, cinq, six, sept, huit, neuf, dix
- Italien: uno, due, tre, quattro, cinque, sei, sette, otto, nove, dieci
- Spanien: uno, dos, tres, cuatro, cinco, seis, siete, ocho, nueve, diez
- Portugal: um, dois, três, quatro, cinco, seis, sete, oito, nove, dez
- Polen: jeden, dva, trzy, cztery, piec, szesc, siedem, osiem, dziewiec, dziesiec
- Griechenland: ena, dio, tria, tessera, pende, exi, efta, ochto, ennea, deka
- Türkei: bir, iki, üç [ütsch], dört, beş [besch], alti, yedi, sekiz, dokuz, on

Um oder dois?

Spielform: Kleingruppe/Großgruppe

Das folgende Spiel eignet sich für eine ungerade Anzahl von Kindern. Ansonsten macht die Spielleitung einfach mit.

Ein Kind stellt sich in die Raummitte. Alle übrigen Kinder gehen möglichst leise durch den Raum. Irgendwann streckt das Kind in der Mitte einen Arm gut sichtbar nach oben und ruft z.B. »Um!«. Dabei streckt es den Daumen aus, sodass alle Kinder, die nicht portugiesisch verstehen, wissen welche Zahl gemeint ist. Erkennen die Kinder die Zahl 1, dann knien sie sich rasch auf den Boden. Sollte jedoch »Dois!« gerufen und die Zahl 2 angezeigt werden, dann finden sich immer zwei Kinder zusammen, die sich die Hände reichen und dann zusammen auf den Boden knien. Nach einigen Durchgängen darf ein neues Kind das Zahlenspiel in einer anderen Sprache wiederholen.

Bir, iki, ütsch, ...

Spielform: Kleingruppe/Großgruppe

Das folgende Spiel ist an das altbekannte »Kaiser, wie viele Schritte darf ich gehen?« angelehnt.

Ein Kind spielt den »Kaiser« und stellt sich direkt vor eine Wand. Alle übrigen Kinder stellen sich mit dem Rücken vor die gegenüberliegende Wand. Gemeinsam fragen sie den »Kaiser« folgendes: »Kaiser, wie viele Schritte dürfen wir gehen?« Der »Kaiser« sucht sich eine Zahl zwischen 1 und 10 aus und zählt dann laut in einer Sprache seiner Wahl bis dahin. Währenddessen zählen alle Kinder mit ihren Fingern jedes Wort mit. Danach fragt der Kaiser ein beliebiges Kind: »Wie viele Schritte darfst du gehen?« Ruft das Kind die deutsche Übersetzung der zuletzt genannten

Zahl, dürfen alle Kinder entsprechend viele große Schritte auf den»Kaiser« zugehen. Stimmt die Antwort nicht, bleiben alle Kinder stehen. Unabhängig davon wiederholt der »Kaiser« das Spiel, indem er erneut zählt. Auf diese Weise wird das Spiel solange weitergeführt, bis alle Kinder neben dem »Kaiser« stehen. Danach wählt dieser ein neues Kind aus, das die Zahlen in einer anderen Spache benennt und das Spiel auf die gleiche Art wiederholt.

Verstecken auf Französisch

Spielform: Kleingruppe

Während ein Kind sich mir dem Gesicht vor eine Wand stellt und auf Französisch bis zehn zählt, versuchen alle anderen Kinder sich so schnell wie möglich im Raum zu verstecken. Sobald jedoch das Kind mit dem Zählen fertig ist, dreht es sich blitzschnell um und ruft:»Stopp!« Daraufhin bleiben alle Kinder regungslos stehen. Das Kind schaut sich vom Platz aus um und bittet diejenigen Kinder zu sich her, die es gut sehen kann. Es zählt die gesichteten Kinder auf Französisch und ruft, wenn es damit fertig ist, laut »fertig!« Dies ist das Signal für alle bislang unentdeckten Kinder, aus ihrem Versteck herauszukommen, um die Anzahl der gefunden Kinder auf Deutsch zu benennen. Danach darf ein neues Kind das Spiel von vorn beginnen. Es kann natürlich auch in jeder anderen Sprache, in der die Kinder zählen könnnen, Verstecken gespielt werden. Dann dürfen die entdeckten Kinder auch raten, um welche Sprache es sich jeweils handelt.

Sprachen erraten

Spielform: Kleingruppe/Großgruppe
Material: internationale Musik, ein Softball

Die Kinder bilden einen Kreis. Die Spielleitung übergibt einem beliebigen Kind den Ball und schaltet dann die Musik ein. Nun werfen die Kinder sich solange den Ball gegenseitig zu, bis die Spielleitung die Musik stoppt. Das Kind, das in diesem Moment den Ball in den Händen hält, darf sich in einer Sprache, die es gut beherrscht, vorstellen oder einfach nur ein Wort sagen. Die übrigen Kinder hören aufmerksam zu und wiederholen das Gesagte, das das Kind schließlich übersetzt. Danach versuchen sie herauszufinden, wie die Sprache heißt. Die Kinder rufen laut ihre Vermutungen in die Runde. Bestätigt das Kind eine Vermutung, beginnt eine neue Spielrunde mit Musik.

Begrüßungsrätsel

Spielform: Kleingruppe/Großgruppe
Material: eine Handtrommel

Die Kinder bilden einen Stuhlkreis. Danach wählt die Spielleitung ein beliebiges Kind aus. Dieses geht auf ein anderes Kind zu, gibt ihm die Hand zur Begrüßung und sagt z. B. »Ja sou!«. Anschließend tauschen die beiden Kinder die Plätze und das Kind, das nun in der Mitter steht, geht auf ein anderes zu, um es ebenfalls auf Griechisch zu begrüßen. Das Spiel wird auf diese Weise fortgesetzt, bis die Spielleitung einmal kräftig trommelt. Daraufhin rufen alle Kinder »Ja sou!« und winken sich gegenseitig zu. Erraten die Kinder, dass sie sich während des Spiels auf Griechisch begrüßt haben? Das Ausgangskind löst das Rätsel auf, danach kann eine neue Spielrunde in einer anderen Sprache beginnen

Do you speak English?

Kindern im Vor- und Grundschulalter bereitet es spürbar große Freude, eine Fremdsprache zu entdecken und zu erleben. Viele Kinder haben ein großes Interesse am Englisch lernen. Das liegt u.a. daran, dass ihnen immer wieder englische Begriffe im Alltag begegnen. Englisch ist eine Weltsprache, in die sich die meisten Kinder relativ rasch hineinfinden. Aus diesem Grund bietet sich das Englisch lernen bereits im Kindergarten besonders gut an. Es ist jedoch ernorm wichtig, dass die Kinder es als spannend und interessant erleben. Auf diese Weise wird die Lust und die Freude an dieser Sprache und am Fremdsprachen lernen überhaupt geweckt und gefördert.

Deshalb wurde in diesem Kapitel eine Reihe von kurzen und originellen Spielideen zusammengetragen, die für eine entspannte Lernatmosphäre sorgen und dadurch den Einstieg in die Fremdsprache relativ einfach machen. Spielerisch und ohne Leistungsdruck wird das Hörverstehen gefördert und somit ganz nebenbei ein Grundwortschatz aufgebaut. Damit alle Kinder erfolgreich mitspielen können, ist es erforderlich, dass sie die englischen Wörter oder Sätze, die in den einzelnen Spielen vorkommen, verstehen und aussprechen können. Die Einführung der englischen Wörter sollte möglichst mit allen Sinnen erfolgen, z.B. indem die Kinder ein Buch in den Händen halten und dabei das englische Wort »book« hören und richtig aussprechen lernen.

»Good mornig« oder »Good night?«

Spielform: Kleingruppe

Alle Kinder stehen im Kreis und schließen die Augen. Die Spielleitung geht möglichst leise um den Kreis herum und tippt irgendeinem Kind auf die Schultern, das sich nichts anmerken lässt – es weiss jetzt, dass es später »Good night« sagen darf. Danach öffnen die Kinder ihre Augen. Nun bittet die Spielleitung ein anderes Kind in die Kreismitte. Dieses geht auf ein beliebiges Kind zu und gibt ihm die Hand. Sagt das ausgewählte Kind daraufhin »Good morning!«, tauschen die beiden die Plätze.

Wieder geht das Kind in der Mitte auf ein Kind zu und reicht ihm die Hand. Sollte jetzt das ausgewählte Kind: »Good night!« sagen, neigen alle übrigen Kinder möglichst schnell ihren Kopf zur Seite und schließen die Augen. Das Kind wählt eines der Kinder aus, das nun die Rolle der Spielleitung übernimmt und eine neue Spielrunde eröffnet.

Are you Jennifer?

Spielform: Kleingruppe
Material: für die Hälfte der Kinder jeweils eine Augenbinde, eine Handtrommel

Die Hälfte der Kinder verteilt sich im Raum und bekommt von den übrigen Kindern die Augen verbunden. Während nun die Kinder mit verbundenen Augen auf ihrem Platz stehen bleiben, geht die andere Hälfte der Gruppe zum Rhythmus des Trommelspiels kreuz und quer durch den Raum. Stoppt die Spielleitung das Trommelspiel, sucht sich jedes Kind ein Partnerkind aus, das mit verbundenen Augen im Raum steht und die Aufgabe erhält, das vor ihm stehende Kind abzutasten. Dies geht solange, bis das Kind z.B. fragt: »Are you *Maximilian*?« Wurde das Kind erkannt, sagt es: »Yes, I am!« Ansonsten antwortet es: »No, I'm not. I am *Lenny*!« Anschließend nimmt das Kind seine Augenbinde ab, um sie seinem Partnerkind zu übergeben, das in der nächsten Spielrunde den Vornamen eines neuen Kindes herausfinden darf.

Which colour do you like?

Spielform: Kleingruppe

Die Kinder sitzen im Kreis und nennen nacheinander eine Farbe, die ihnen besonders gut gefällt (»I like *red*«). Anschließend benennt die Spielleitung ein Kind, das auf irgendein anderes zugeht, vor diesem stehenbleibt und sagt: »I think you like *red*!« Stimmt die Vermutung des Kindes, antwortet das ausgewählte Kind, indem es sagt: »Yes, I do!« Sollte jedoch die Vermutung nicht zutreffen, dann sagt es laut: »No, I don't! I like …!« Anschließend tauscht es mit dem Kind aus der Mitte den Platz und darf nun ein anderes Kind im Kreis auf dessen Lieblingsfarbe ansprechen. Das Spiel wird so fortgeführt, bis jedes Kind einmal angesprochen wurde.

Farben:

- red (Rot)
- blue (Blau),
- yellow (Gelb),
- pink (Rosa),
- green (Grün),

- brown (Braun),
- black (Schwarz)
- orange (Orange)
- grey (Grau)
- purple (Lila)

What is on the breakfast table?

Spielform: Einzelbeschäftigung/Partnerspiel / Kleingruppe
Material: zehn unterschiedliche Dinge wie Marmelade, Zucker, Eier, Cornflakes, Joghurt

Die Kinder holen zehn unterschiedliche Zutaten, die sich auf einem Frühstückstisch befinden können. Die Spielleitung zeigt auf die einzelnen Lebensmittel und benennt sie auf English. Alle Kinder sprechen die Worte nach. Sobald die Kinder die englischen Begriffe kennen, fragt die Spielleitung z. B. Folgendes: »Where is the *jam*?« (»Where are the *cornflakes*?«) Sind alle Kinder sich einig, wo das Genannte steht, deuten sie darauf und rufen: »Here is the *jam*! (Here are the *cornflakes*«!) Dann darf ein anderes Kind eine weitere Frage stellen.

Beispiele:

- Egg (Ei), cornflakes (Cornflakes), butter (Butter), sugar (Zucker), toast (Toast), tea (Tee), yoghurt (Yoghurt), muesli (Müsli), bottle of milk (Flasche Milch)

My favourite number is …

Spielform: Kleingruppe
Material: ein Softball

Die Kinder stehen im Kreis und eines erhält den Ball. Es sagt z. B.: »My favourite number is *five*!« und übergibt den Ball dem Kind rechts neben ihm. Sobald dieses den Ball in den Händen hält, beginnt die Gruppe zu zählen und sagt laut: »One!« Danach gibt das Kind den Ball an seinen rechten Nachbarn weiter und die Gruppe ruft: »Two!« Auf diese Weise wird der Ball solange von Hand zu Hand weiter gereicht, bis die Gruppe bei »Five!« angelangt ist. Das Kind, das jetzt den Ball in den Händen hält, wirft den Ball einem beliebigen Kind im Kreis zu, welches das Spiel mit einer neuen Zahl wiederholt.

What is it?

Spielform: Partnerspiel/Kleingruppe
Material: sechs unterschiedliche Kleidungsstücke

Auf dem Tisch platziert die Spielleitung sechs unterschiedliche Kleidungsstücke. Die Kinder stellen sich um den Tisch herum und die Spielleitung übt mit den Kindern, die Kleidungsstücke auf Englisch zu benennen. Danach sucht sie sich in Gedanken ein Kleidungsstück aus. Um herauszufinden, um welches Kleidungsstück es sich handelt, fragen die Kinder der Reihe nach z. B.: »Is it a *pullover*?« Die Spielleitung antwortet entweder mit »Yes, it is!« oder »No, it isn't!« Sobald jedoch die Frage eines Kindes bejaht wird, darf dieses die Rolle der Spielleitung übernehmen und sich ebenfalls in Gedanken ein Kleidungsstück aussuchen.

Beispiele:
- pullover (Pullover)
- jeans (Jeanshose)
- dress (Kleid)
- sock (Socke)
- T-shirt (T-Shirt)
- skirt (Rock)

Apples, bananas or oranges?

Spielform: Kleingruppe
Material: flotte Musik, für jedes Kind ein weißes Notizblatt, Buntstifte
Spielvorbereitung: Jedes Kind erhält ein weißes Notizblatt. Jeweils zwei bis drei Kinder malen die gleiche Obstsorte (z. B. einen Apfel, eine Banane oder eine Orange) auf ihre Notizblätter

Bevor die Kinder das unten aufgeführte Spiel durchführen, lernen sie mit Hilfe von echtem oder naturgetreu nachgebildetem Obst, wie die einzelnen Obstsorten auf Englisch heißen

Die Spielleitung schaltet die Musik ein, zu der die Kinder sich rhythmisch im Raum herum bewegen. Immer wenn zwei Kinder sich zufällig begegnen, tauschen sie miteinander ihre Blätter aus. Allerdings nur solange, bis die Spielleitung die Musik stoppt. Daraufhin bleiben alle Kinder stehen. Sie blicken zur Spielleitung, die z. B. ruft: »Where are the *apples*?« Daraufhin schauen alle Kinder auf ihre Notizblätter. Diejenigen Kinder, die ein Apfelmotiv haben, halten ihr Blatt nach oben und laufen zur Spielleitung. Sie bilden einen Kreis um sie herum und rufen laut: »Here are the apples!« Stimmt die Aussage der Kinder, schaltet die Spielleitung die Musik wieder ein, zu der sich alle Kinder wieder kreuz und quer im Raum bewegen.

Weitere Möglichkeit: Sobald die Kinder die drei Obstsorten voneinander unterscheiden können, kommen auf die gleiche Art wie oben beschrieben drei weitere Obstsorten z. B. pears (Birnen), plums (Pflaumen) und strawberries (Erdbeeren) ins Spiel. Dafür werden entsprechend weniger Notizblätter mit den zuvor verwendeten Obstsorten benötigt.

When you hear the music ...

Spielform: Partnerspiel/Kleingruppe
Material: flotte Musik

Spielen zwei Kinder mit, dann stellen sie sich einander gegenüber und übernehmen abwechselnd die Rolle der Spielleitung. Ansonsten bilden alle Kinder bis auf eines einen Kreis. Das Kind stellt sich in die Kreismitte und sagt z. B. »When you hear the music, *clap your hands*!« Anschließend schaltet das Kind die Musik ein, zu der alle Kinder rhythmisch in die Hände klatschen. Sobald jedoch das Kind die Musik stoppt, bleiben alle ganz ruhig auf ihrem Platz stehen. Das Kind geht auf eines der Kinder zu, um den Platz und somit die Rolle zu tauschen. Das ausgewählte Kind geht in die Kreismitte und gibt auf die gleiche Art wie das Ausgangskind eine Bewegungsanweisung.

Beispiele:
»When you hear the music, ...

- stamp your feets« (Füße stampfen)
- snap your fingers (Finger schnipsen)«,
- slap your sides (auf die Hüften schlagen)«

Animal names

Spielform: Einzelbeschäftigung/Partnerspiel / Kleingruppe
Material: sechs Tierbilder (Hund, Katze, Kuh, Huhn, Schwein und Pferd)

Die Kinder setzen sich um einen Tisch herum, auf dem sie die Abbildungen der unten genannten Tiere auslegen. Miteinander lernen die Kinder folgende englische Tiernamen:

dog (Hund), cat (Katze), cow (Kuh), chicken (Huhn), pig (Schwein) und horse (Pferd).

Sind die englischen Tiernamen bekannt, geht die Spielleitung auf irgendein Kind zu, um diesem einen der Tiernamen ins Ohr zu flüstern. Das Kind macht ein entsprechendes Tiergeräusch, welches die übrigen Kinder erraten sollen. Zeigen alle Kinder auf das richtige Tierbild, dann rufen sie laut die englische Bezeichnung (z. B.: »This is a pig!«) Anschließend flüstert das Ausgangskind einem anderen Kind einen neuen englischen Tiernamen ins Ohr, das schließlich das Spiel fortsetzt.

I am playing the piano!

Spielform: Kleingruppe

Bevor die Kinder das unten aufgeführte Spiel durchführen, sollten sie zunächst unterschiedliche Tätigkeiten auf Englisch benennen lernen. Eine gute Möglichkeit besteht darin, der Reihe nach die Tätigkeiten pantomimisch darzustellen und dabei gleichzeitig den dazugehörigen Begriff auf Englisch gemeinsam mit den Kindern einzuüben.

Bis auf ein Kind stehen alle im Kreis. Das Kind befindet sich in der Kreismitte und überlegt sich eine Tätigkeit z. B. Klavier spielen. Während es so tut, als ob es Klavier spielen würde, sagt es laut folgenden Satz: »I am playing the piano!« Daraufhin zeigen alle Kinder auf das Kind in der Kreismitte und sagen laut: »You are playing the piano!« Nun geht das Kind auf irgendein Kind zu, um mit diesem den Platz zu tauschen. Das ausgewählte Kind begibt sich in die Kreismitte und stellt eine neue Tätigkeit vor, indem es z. B. so tut, als ob es fernsehen würde. Dabei sagt es laut: »I am watching TV!« Die Kinder deuten auf das Kind und sagen: »You are watching TV!« Auf diese Art wird das Spiel immer weitergeführt, bis alle Kinder eine Tätigkeit vorstellen konnten.

Beispiele:

- riding a bike (Fahrrad fahren),
- playing basketball (Basketball spielen),
- playing table tennis (Tischtennis spielen)
- reading a book (ein Buch lesen),
- singing a song (ein Lied singen),

Watch and guess!

Spielform: Partnerspiel/Kleingruppe

Die Kinder stellen sich etwa einen Meter entfernt vor einem beliebigen Kind auf, dem die Spielleitung eine Freizeitbeschäftigung wie Fußball spielen (*playing soccer*) ins Ohr flüstert. Während nun das Kind so tut, als ob es Fußball spielen würde, versuchen die übrigen Kinder die Tätigkeit zu erraten. Glauben die Kinder die gesuchte Tätigkeit zu erkennen, fragen sie z. B.: »Are you playing soccer?« Daraufhin antwortet das Kind mit »Yes, I am!«. Sollte jedoch die Aussage im weiteren Spielverlauf irgendwann einmal nicht zutreffend sein, sagt das Kind »No, I'm not!«, und die Raterunde wird fortgesetzt.

Beispiele:

»Are you playing …

- the guitar (Gitarre)?«,
- the piano (Klavier)?«
- basketball (Basketball)?«
- tennis (Tennis)?«

I need a pencil!

Spielform: Kleingruppe
Material: Verschiedene kleine Gebrauchsgegenstände aus der Schule; von jeder Sorte sollten 2–3 Exemplare vorhanden sein.

Die Kinder lernen die englischen Begriffe für die unten aufgeführten Gegenstände, indem sie jeden Gegenstand im Kreis herumreichen und ihn währenddessen mehrmals benennen.

Nachdem die Gegenstände im Kreis herumgereicht wurden, verteilt sie die Spielleitung an die Kinder und achtet darauf, dass diejenigen, die direkt nebeneinander auf der Kreisbahn stehen, nicht den gleichen Gegenstand erhalten. Ein Kind bekommt keinen Gegenstand, darf aber dafür in die Kreismitte gehen. Es lässt seinen Blick im Kreis herumschweifen und sagt z. B.: »I need a *book*!« Diejenigen, die ein Buch in den Händen halten, stehen auf. Das Kind in der Mitte geht auf eines der stehenden Kinder zu, um mit ihm den Platz zu tauschen. Das ausgewählte Kind übergibt seinen Gegenstand und geht dann in die Kreismitte, um das Spiel fortzusetzen.

Beispiele:

- pencil (Bleistift)
- pen (Füller)
- rubber (Radiergummi)
- ruler (Lineal)
- book (Buch)
- pencil-case (Mäppchen)

Alpenklänge und
Südseerhythmen

Kinder interessieren sich für fremde Kulturen und machen sich gerne mit Musikinstrumenten aus aller Welt vertraut. Sie erfreuen sich an der Musik und an musikalischen Aktivitäten und Erlebnissen in der Gruppe, die sie in ihrem Können stärken. Bei den folgenden Spielen zur musikalischen Früherziehung stehen der Spaß und die Freude am Musikerleben stets im Vordergrund. Auf spielerische Weise werden die Kinder angeregt, sich mit unterschiedlichen Musikrichtungen und Musikinstrumenten auseinanderzusetzen und üben dabei, sich in verschiedenen Gruppenkonstellationen zurechtzufinden. Die Kinder lernen, sich musikalisch auszudrücken, aufmerksam zuzuhören und sich aufeinander einzulassen.

Das gemeinsame Musikhören, Musizieren oder Singen führt in der Regel schnell zu den unterschiedlichsten und spontan entwickelten Bewegungsideen, welche die Motorik, die Fantasie und die Kreativität fördern. Die Erfolgserlebnisse, die die Kinder durch die Darstellung ihrer Bewegungsideen erhalten, wirken sich insgesamt sehr positiv auf das Gruppenklima aus und tragen dazu bei, dass die Kinder Musik, Spiel und Tanz lieben und wertschätzen lernen.

Woher stammt das Instrument?

Spielform: Kleingruppe/Großgruppe
Material: sechs bis acht Instrumente aus aller Welt

Die Spielleitung holt vier bis sechs Instrumente aus aller Welt, die sie den Kindern der Reihe nach vorstellt. Instrumente, welche die Kinder nicht kennen, benennt sie und erzählt den Kindern, aus welchen Ländern diese stammen. Dabei dürfen sich jeweils drei bis vier Kinder ein Instrument und dessen Ursprungsland gut merken. Danach beginnt das Spiel folgendermaßen:

Während alle Kinder sich im Raum verteilen, trommelt die Spielleitung zum Beispiel auf der türkischen Darbuka einen beliebigen Rhythmus, zu dem sich die Kinder durch den Raum bewegen. Irgendwann jedoch ver-

stummt das Trommelspiel und die Kinder bleiben stehen. Jetzt heben die Kinder die Hand, die für das Instrument zuständig sind. Sie teilen den übrigen Kindern mit, aus welchem Land das Instrument stammt. Vielleicht erinnert sich das eine oder andere auch daran, wie das Instrument heißt. Ansonsten gibt die Spielleitung den Namen des Instruments bekannt. Anschließend beginnt eine neue Spielrunde mit einem weiteren Instrument.

Beispiele:

- Djembe (Afrika)
- kleine Leier (Skandinavien)
- Regenstab (Chile)
- Klangschale (Tibet)
- Ocean Drum (Nordamerika)

Miteinander trommeln

Spielform: Partnerspiel/Kleingruppe
Material: flotte Instrumentalmusik

Die Kinder setzen sich um einen Tisch herum und erhalten die Aufgabe gemeinsam ein Instrumentalstück zu begleiten, indem sie zum Rhythmus der Musik auf die Tischplatte mit den Fäusten trommeln. Wird es den Kindern gelingen, sich auf eine gemeinsame Trommelbegleitung für das Musikstück zu einigen? Falls ja, dürfen sie in der nächsten Spielrunde rhythmisch mit den Fingerspitzen auf die Tischplatte trommeln und dazu mit den Füßen auf den Boden stampfen.

Variation
Die Kinder benutzen Rhythmusinstrumente aus aller Welt, mit denen sie eine Instrumentalmusik begleiten. Sollte das Zusammenspiel gelingen, dürfen sie sich dazu durch den Raum bewegen.

In welcher Sprache wird gesungen?

Spielform: Einzelbeschäftigung/Partnerspiel/Kleingruppe
Material: CDs mit Liedern in verschiedenen Sprachen

Die Kinder bilden einen Stuhlkreis und zwar so, dass die Rückenlehnen in Richtung Kreismitte zeigen. Sie knien sich vor ihre Stühle, die jetzt als Trommeln dienen. Gespannt warten sie ab, bis die Spielleitung ein Musikstück, z. B. einen türkischen Popsong vorspielt. Zum Rhythmus der Musik trommeln alle Kinder mit den flachen Händen solange auf die Sitzflächen der Stühle, bis die Spielleitung schließlich die Musik stoppt. Wer weiß in welcher Sprache gesungen wurde? Gibt es Kinder in der Gruppe die ein (Kinder-)lied in der betreffenden Sprache vorsingen können? Dabei können die übrigen Kinder das Lied auf die gleiche Art rhythmisch begleiten. Anschließend wiederholt die Spielleitung das Spiel, indem sie ein Lied in einer anderen Sprache abspielt.

Was klingt so?

Spielform: Kleingruppe
Material: für jeweils zwei bis drei Kinder das gleiche Instrument oder das gleiche Material, z. B. ein Papier zum Zerknüllen oder ein Karton zum Trommeln; für jedes Kind ein Geschirrtuch oder Ähnliches

Immer zwei Kinder erhalten das gleiche Instrument. Die Kinder bilden einen Stuhlkreis. Danach wählt die Spielleitung irgendein Kind aus, das sein Instrument kurz anspielt und sich dann die Augen verbinden lässt. Währenddessen tauschen alle anderen Kinder ihre Instrumente untereinander

aus. Dann benennt das Kind mit verbundenen Augen irgend ein anderes Kind im Kreis, das daraufhin sein Instrument zum Klingen bringt. Glaubt das »blinde« Kind, dass es sich um das gleiche Instrument wie sein eigenes handelt, hebt es die Hand. Ansonsten setzt es die Suche fort. Sobald es das Kind mit dem gleichen Instrument findet, darf es die Augenbinde abnehmen und ein neues »Ratekind« auswählen, welches das Spiel mit seinem Instrument wiederholt.

Rhythmusspaziergang

Spielform: Kleingruppe
Material: flotte Musik, für jedes Kind ein Rhythmusinstrument

Im Raum verteilt die Spielleitung für die Kinder Rhythmusinstrumente aus aller Welt. Alle Kinder suchen sich jeweils ein Instrument aus, mit dem sie die von der Spielleitung eingeschaltete Musik begleiten. Sobald jedoch die Spielleitung die Musik stoppt, legen die Kinder die Instrumente auf ihren Ausgangsplatz zurück und gehen im Raum spazieren. Irgendwann schaltet die Spielleitung erneut die Musik ein. Im Takt zur Musik bewegen sich die einzelnen Kinder auf ein freies Instrument zu, um mit diesem schließlich die Musik bis zum nächsten Musikstopp zu begleiten.

Welche Musik gefällt dir?

Spielform: Einzelbeschäftigung/Partnerspiel/Kleingruppe
Material: unterschiedliche Arten von (Tanz-)Musik, z.B. Salsa, Rumba und Walzer

Die Kinder stehen im Kreis und erhalten die Aufgabe, spontan zu der eingespielten Musik zu tanzen. Das geht solange, bis die Spielleitung die Musik stoppt und danach eine andere Musikart vorstellt, zu der die Kinder sich erneut rhythmisch bewegen. Nach drei Durchgängen dürfen die Kinder der Reihe nach mitteilen, welche Musikrichtung ihnen am besten gefallen hat. Vielleicht können sie ihre Antwort kurz begründen. Dabei werden sie auch merken, dass manche Kinder den gleichen Musikgeschmack haben.

Vorspielen – mitspielen

Spielform: Kleingruppe/Großgruppe
Material: unterschiedliche Rhythmusinstrumente

Die Kinder sitzen im Stuhlkreis und erhalten jeweils ein Musikinstrument. Ein beliebiges Kind beginnt und spielt einen einfachen Rhythmus. Es geht auf ein anderes Kind zu, mit dem es den Platz tauscht und das solange den vorgespielten Rhythmus auf seinem Instrument begleitet, bis es in der Kreismitte steht. Dort angekommen, darf es einen neuen Rhythmus vorspielen und auf ein weiteres Kind zugehen, mit dem es schließlich den Platz wechselt. Auf diese Weise wird das Spiel immer weitergeführt, bis alle Kinder einen vorgegebenen Rhythmus auf ihrem Instrument mitspielen und einen eigenen Rhythmus vorspielen konnten.

Weitere Möglichkeit: Anstelle der Instrumente benutzen die Kinder ihren Körper zum Musizieren, indem sie rhythmisch mit den Händen klatschen, mit den Füßen stampfen oder mit den Fingern schnippen.

Instrumente-Familien

Spielform: Kleingruppe
Material: jeweils drei bis vier unterschiedliche Trommeln, Rasseln, Schellen und Regenstäbe

Alle Kinder erhalten jeweils ein Rhythmusinstrument und bilden einen Stuhlkreis. Die Spielleitung wählt ein beliebiges Kind aus, das z. B. eine

Holzblocktrommel in den Händen hält und jetzt einen Rhythmus schlägt. Daraufhin dürfen alle Kinder, die ein Instrument des gleichen Typs haben, (hier z. B. eine Handtrommel, eine Djembe oder eine indianische Trommel), gleich im Takt mitspielen. Nachdem die Trommelgruppe eine Weile gemeinsam gespielt hat, hebt die Spielleitung die Hand und gibt damit das Zeichen mit dem Trommeln aufzuhören. Anschließend kommt ein Kind an die Reihe, das ein Instrument eines anderen Typs (z. B. eine Rassel) in den Händen hält und einen neuen Rhythmus vorgibt. Daraufhin dürfen alle Kinder mit ähnlichen Instrumenten (hier z. B. mit einem Egg-Shaker, einer Rumbakugel oder einem Holz-Shaker) den Rhythmus begleiten.

Beispiele für die dritte Gruppe: Schellenkranz, Schellen-Armband, Tamburin mit Schellen, Schellenbaum und Regenstab

Klangbilder

Spielform: Partnerübung/Kleingruppe
Material: unterschiedliche Instrumente, für jedes Kind ein weißes Tonpapier (DIN A3), Wachsmalstifte

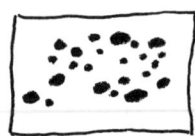 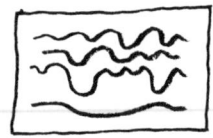 

Wie klingt z. B. eine Klangschale und wie hören sich Bongos an? Und kann man diese Klänge künstlerisch zum Ausdruck bringen? Wie das geht, zeigt das folgende Spiel:

Die Kinder sitzen um einen Tisch herum, auf dem die Spielleitung z. B. eine Klangschale, Bongos, einen Holz-Tonblock mit vier Holzkugeln, eine Holz-Giro und ein Paar Klanghölzer platziert. Zudem erhalten die einzelnen Kinder weiße Tonkartons und Wachsmalstifte. Danach darf eines der Kinder das Spiel anfangen, indem es irgendein Instrument zum Klingen bringt. Die Kinder lauschen und versuchen den Klang auf ihrem Papier bildhaft darzustellen. Dabei können sie z. B. mit ihrem Stift Punkte, Wellenlinien oder Kreise malen. Anschließend darf das Kind, das rechts neben dem Ausgangskind sitzt, das Spiel fortsetzen und ein neues Instrument auf die gleiche Art vorstellen. Sind alle Instrumente an der Reihe gewesen, vergleichen die Kinder die einzelnen Bilder und schauen, ob sie ähnliche Muster entdecken können.

Fremde Länder – fremde Klänge

Spielform: Einzelbeschäftigung/Partnerspiel/Kleingruppe
Material: vier unterschiedliche Instrumente, z. B. eine Ocean Drum, eine Kuhglocke, eine Djembe und ein Eukalyptus-Didgeridoo; vier Poster mit Motiven, die auf das Herkunftsland der einzelnen Musikinstrumente hinweisen; etwas Tesafilm

Die Kinder hängen mit genügend Abstand vier große Poster auf, von denen jedes auf die Herkunft eines bestimmten Instruments hinweist. Das könnten z. B. für die Ocean Drum der brasilianische Regenwald, für die Kuhglocke die österreichischen Alpen, für die Djembe ein Safarimotiv aus Afrika und für das Eukalyptus-Didgeridoo australische Kängurus sein. Danach bilden alle Kinder einen Kreis. Die Spielleitung holt die vier Instrumente und bittet die Kinder, die Augen zu schließen. Anschließend lässt sie ein beliebiges Instrument kurz erklingen. Die Kinder öffnen ihre Augen und die Spielleitung fragt: »Wohin geht die Reise?« Die Kinder versuchen die Frage zu beantworten, indem sie zu dem dazugehörigen Landschaftsmotiv laufen. Stehen alle Kinder vor dem richtigen Poster? Falls nicht, geht die Spielleitung auf die Kinder zu, die nicht richtig stehen und lässt noch einmal ihr Instrument erklingen. Die betreffenden Kinder machen sich erneut auf die Suche. Stehen alle Kinder vor dem gesuchten Poster, beginnt eine neue Spielrunde im Kreis mit einem weiteren Instrument.

Unterschiede und
Gemeinsamkeiten entdecken

Kinder können sich aufgrund ihrer Haar- und Augenfarbe, Größe, Gewicht und anderer äußerer Merkmale voneinander unterscheiden. Zudem bringen sie unterschiedliche Fähigkeiten, Erfahrungen und Erlebnisse mit, die sie in die Gruppe einbringen können.

Indem die einzelnen Kinder sich ganz intensiv mit sich selbst und anderen Kindern beschäftigen, werden sie in ihrem Können bestätigt und stellen fest, dass sie vieles gemeinsam haben.

In diesem Kapitel gibt es jede Menge Spiele, bei denen die Kinder sich selbst und andere Personen kennen- und wertschätzen lernen. Sie üben, z. B. vor einem Spiegel, ihren Körper genau zu betrachten und machen sich dabei bewusst, wie sie aussehen und wie sie mit ihrer Mimik, Gestik und Haltung ihre Gefühle zum Ausdruck bringen. Sie werden vielleicht erstaunt darüber sein, wie viele Kinder die gleiche Augenfarbe oder ähnliche Interessen und Probleme wie sie haben. Beim gegenseitigen Vergleichen ihrer Fähigkeiten wird ihnen bewusst, dass jeder und jede unterschiedliche Begabungen hat, und dass niemand alles können muss.

Jedes Kind erlebt sich selbst als ein wichtiges Gruppenmitglied und Teil des Ganzen und ist sich gleichzeitig seiner individuellen Stärken bewusst. Das Vertrauen, die Sicherheit und Kraft, welche die Kinder dadurch gewinnen, zeigen sich insbesondere in ihrer Haltung und Einstellung. Sie machen sich nicht kleiner als sie sind und bilden sich ihre Meinung immer öfter auch unabhängig von anderen.

Wie sehe ich aus?

Spielform: Partnerspiel
Material: für jedes Paar zwei kleine Spiegel

Die Kinder gehen zu zweit zusammen, holen sich jeweils einen kleinen Spiegel und setzen sich direkt gegenüber. Ein Kind beginnt, schaut in seinen Spiegel und sagt z. B.: »Ich habe *blaue* Augen und du?« Das zweite Kind schaut in seinen Spiegel und antwortet z. B.: »Ich habe *braune* Augen!« Anschließend darf das zweite Kind auf die gleiche Art eine Frage stellen. Nach ein paar Durchgängen überlegen sie miteinander, welche äußeren Merkmale sie gemeinsam haben und welche nicht.

Beispiele:
»Ich habe …
- drei Zahnlücken«
- eine Brille«
- eine Nase«

Variation
Anstelle von äußeren Merkmalen, können die Kinder eine Situation und einen damit verbunden Gefühlszustand beschreiben, den sie mit ihrem Gesichtsausdruck vor dem Spiegel zeigen.

Beispiele:
»Wenn ich
- Geburtstag habe, freue ich mich – und du?«,
- vom Fahrrad stürze, weine ich – und du?«,
- nicht ins Kino darf, bin ich enttäuscht – und du?«

Gelb hüpft!

Spielform: Kleingruppe

Alle Kinder bilden einen Kreis. Die Spielleitung wählt ein beliebiges Kind aus, das sich in die Kreismitte stellt und z. B. sagt: »Alle Kinder, die etwas Gelbes tragen, hüpfen mit beiden Beinen auf der Stelle!« Während nun die betreffenden Kinder der Anweisung folgen, versuchen alle übrigen Kinder sich eine andere Bewegungsart auszudenken, z. B. sich um die eigene Achse drehen, mit einem Bein auf der Stelle hüpfen oder einfach mit den Händen auf die Oberschenkel klatschen. Das Kind schaut sich um und überprüft, ob die gesuchten Kinder die Aufgabe richtig erfüllen. Es geht auf eines der betreffenden Kinder zu, um mit diesem den Platz und die Rolle zu tauschen. Daraufhin bleiben alle Kinder stehen und warten ab, bis eine neue Anweisung erfolgt.

Beispiele:
»Alle Kinder, die ...

- etwas Blaues tragen, drehen sich um die eigene Achse!«
- die eine beige Hose tragen, schnippen mit den Fingern!«
- die ein weißes Oberteil tragen, schnalzen mit der Zunge!«

Was du magst, mag ich auch

Spielform: Kleingruppe/Großgruppe
Material: ein Softball

Bei dem folgenden Spiel lernen die Kinder ihre Hobbies zu benennen, aufeinander zuzugehen und dabei Interessensverbünde zu finden.

Die Kinder bilden einen Stuhlkreis und überlegen, welche Hobbys sie haben. Sie schauen sich ganz bewusst im Kreis um und denken darüber

nach, ob es in der Gruppe auch Kinder gibt, die ihre eigenen Interessen teilen. Danach übergibt die Spielleitung einem beliebigen Kind den Softball. Das Kind nimmt den Ball und geht auf irgendein Kind zu, von dem es glaubt, dass es z.B. ebenso gerne wie es selbst Minigolf spielt. Dann sagt es z.B.: »Ich denke, dass du auch gerne *Minigolf spielst.*« Wird seine Antwort bestätigt, überreicht es dem Kind den Ball und tauscht mit ihm den Platz. Ansonsten sucht es sich ein neues Kind aus, von dem es glaubt, dass es das gleiche Hobby hat. Findet es nach mehreren Versuchen keine(n) Gleichgesinnte(n), überlegt es sich, was es sonst noch gerne macht und setzt das Spiel mit einer neuen Frage fort. Das Spiel ist beendet, wenn alle Kinder wenigstens einmal ihren Platz tauschen konnten.

Willkommen im Boot!

Spielform: Kleingruppe
Material: für jedes Paar eine Gymnastikmatte oder Decke, eine Handtrommel

Immer zwei Kinder holen sich eine Gymnastikmatte oder Decke, die sie im Raum ausbreiten. Zum Rhythmus der Trommel bewegen die Kinder sich einzeln durch den Raum. Irgendwann jedoch verstummt die Trommel und alle Kinder suchen sich einen freien Platz in einem Boot bzw. auf den Matten aus. Dabei setzen sich immer zwei Kinder einander gegenüber auf eine Matte, und zwar so, dass das Gewicht im »Boot« gut verteilt ist. Zur Begrüßung berühren sich die beiden Kinder gegenseitig mit ihren Füßen. Danach erhalten sie von der Spielleitung die Aufgabe, möglichst viele Gemeinsamkeiten herauszufinden. Das können Äußerlichkeiten wie die Haarfarbe, die Größe oder das Geschlecht sein. Außerdem können die Kinder vielleicht Übereinstimmungen bei ihren Hobbies, aber auch in Bezug auf ihr Herkunftsland oder eine weitere Sprache finden. Sobald jedoch das Trommelspiel wieder zu hören ist, verabschieden sich die Paare voneinander und das Spiel beginnt von Neuem.

Spaziergang auf dem Spinnennetz

Spielform: Partnerspiel/Kleingruppe
Material: Kreide oder Seile

Die Spielleitung markiert ein Spinnennetz mit Kreide oder Seilen auf den Boden. Danach suchen alle Kinder sich einen Platz auf den Kreidestrichen oder Seilen aus, auf denen sie wie »Seiltänzer/innen« balancieren. Begegnen sich zwei Kinder, dann versuchen sie zunächst, eine Gemeinsamkeit herauszufinden. Konnten die beiden Kinder herausfinden, dass sie z. B. die gleiche Augenfarbe haben, ein bestimmtes Essen besonders gerne mögen oder ein gemeinsames Hobby teilen, wechseln sie miteinander den Platz, möglichst ohne den Boden mit den Füßen zu berühren. Jedes Kind balanciert solange weiter, bis es vor einem neuen Kind steht, mit dem es dann wieder die eine oder andere Gemeinsamkeit finden und seinen Gleichgewichtssinn unter Beweis stellen kann.

Gleich oder anders?

Spielform: Kleingruppe/Großgruppe
Material: flotte Musik

Die Kinder stehen in einer Reihe. Wenn die Musik erklingt, bewegen sich alle Kinder rhythmisch auf der Stelle. Sobald jedoch die Spielleitung die Musik stoppt, bleiben alle Kinder stehen. Danach gibt die Spielleitung eine Anweisung, indem sie z. B. sagt: »*Felix*, suche bitte zwei unterschiedlich große Kinder!« Das Kind tritt aus der Reihe hervor, schaut sich die einzelnen Kinder an und ruft zwei mit Vornamen auf, von denen es denkt, dass die Vorgabe auf sie zutrifft. Zur Kontrolle stellen die betreffenden Kinder sich Rücken an Rücken, so dass die übrigen Kinder die Körpergrößen miteinander vergleichen können. Stimmt die Aussage des Kindes? Die Kinder im Kreis geben Antwort und danach eröffnet die Spielleitung eine neue Spielrunde mit Musik.

Beispiele:
Das ausgewählte Kind macht sich auf die Suche nach zwei Kindern, die ...

- die gleiche Augenfarbe haben
- unterschiedliche Schuhgrößen haben,
- beide Brillenträger sind etc.

Farbentanz

Spielform: Kleingruppe/Großgruppe
Material: flotte Musik, rote, blaue und gelbe Wollfäden (jeweils ca. 20 cm
lang) in gleicher Anzahl, insgesamt so viele, wie Kinder mitspielen; je ein
Krepppapierstreifen in Rot, Blau und Gelb

*Mannschaften tragen z.B. die gleichen Trikots und geben dadurch zu erkennen,
dass sie ein Team sind und miteinander spielen.*

Alle Kinder erhalten jeweils einen Wollfaden, den sie sich gegenseitig um
das linke Handgelenk binden. Danach stellen sie sich im Kreis auf und
zwar so, dass jeweils Kinder mit Wollfäden in unterschiedlichen Farben
nebeneinander stehen. Die Spielleitung holt sich die drei Krepppapierstreifen, schaltet die Musik ein und stellt sich in die Kreismitte. Hält nun
die Spielleitung z.B. den roten Krepppapierstreifen gut sichtbar in die
Höhe, dürfen alle Kinder, die einen roten Wollfaden am Handgelenk haben, zum Rhythmus der Musik mit ihren Fußspitzen abwechselnd in die
Kreismitte tippen. Alle übrigen Kinder klatschen im Takt zur Musik auf
ihre Oberschenkel. Sobald die Spielleitung einen anderen Krepppapierstreifen hoch hält, läßt die Gruppe mit den Wollfäden in der entsprechenden Farbe ihre Fußspitzen tanzen und alle anderen klatschen währenddessen rhythmisch auf ihre Oberschenkel.

Meer oder Gebirge?

Spielform: Kleingruppe/Großgruppe
Material: jeweils ein Kalenderblatt oder Poster, auf dem z.B. Strand und
Meer oder Berge und Wiesen abgebildet sind.

Die Kinder bilden einen Kreis und die Spielleitung holt die zwei unterschiedlichen Landschaftsbilder, mit denen sie sich dann in die Kreismitte stellt. Sie hebt die beiden Bilder gut sichtbar hoch und fragt: »Wür-

det ihr lieber am Meer oder im Gebirge eure Ferien verbringen?« Die Kinder überlegen und versuchen, sich für einen Ort zu entscheiden. Diejenigen Kinder, die gerne Ferien am Meer machen, tun dann so, als ob sie vom Platz aus schwimmen würden. Alle übrigen Kinder, die sich für das Gebirge entscheiden, tun so, als ob sie vom Platz aus klettern würden. Die Spielleitung übergibt die Landschaftsbilder jeweils einem der betreffenden Kinder, die dann ihre »Interessen-Verbündeten« zu sich bitten. Die Kinder bilden zwei Kreise und besprechen miteinander, weshalb sie sich so und nicht anders entschieden haben. Anschließend kommen sie wieder in einem großen Kreis zusammen. Jeweils ein Kind aus jeder Gruppe darf die Argumente seiner Gruppe vortragen, welche die übrigen Gruppenmitglieder ergänzen können.

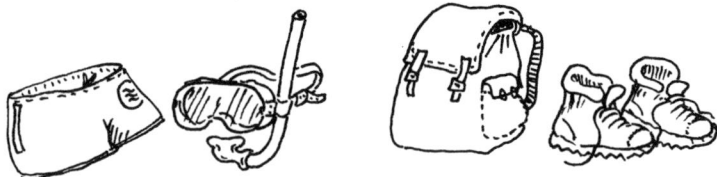

Meine Lieblingsgeschichte

Spielform: Kleingruppe
Material: drei bekannte Kinderbücher, z. B. von Astrid Lindgren: Pippi Langstrumpf, Michel aus Lönneberga, Karlsson vom Dach …

Für das folgende Spiel wählt die Spielleitung nur solche Bücher aus, welche alle Kinder gut kennen.

Die Spielleitung legt drei Bücher auf den Tisch, auf deren Umschlag der/die jeweilige Titelheld/in gut zu sehen ist. Die Kinder überlegen sich, in welche Rolle sie gerne schlüpfen würden. Das Kind, das beginnt, nimmt sich ein Buch und erzählt der Gruppe, was sie an der Titelfigur so gut findet. Danach dürfen diejenigen Kinder sich melden, die sich für die selbe Lieblingsfigur bzw. -geschichte entschieden haben. Nacheinander versuchen die betreffenden Kinder ihre Wahl zu begründen. Dabei entdecken sie mit großer Sicherheit die eine oder andere Gemeinsamkeit. Das Spiel ist beendet, wenn alle Kinder sich zu einer Figur äußern konnten.

Variation
Drei Kinder suchen sich jeweils ein Buch aus, das ihnen besonders gut gefällt. Nacheinander teilt jedes kurz mit, warum es sich gerade für dieses Buch entschieden hat. Die übrigen Kinder sagen dann, ob sie das Buch ebenfalls interessant finden. Falls ja, bilden sie mit dem betreffenden Kind eine Gruppe und schauen sich das Buch gemeinsam an.

Wer tanzt mit?

Spielform: Kleingruppe/Großgruppe
Material: drei Musikstücke unterschiedlicherStilrichtungen, z. B. Pop, Rock und Volksmusik.

Die Kinder bilden einen großzügigen Kreis. Danach spielt die Spielleitung die unterschiedlichen Musikstücke kurz an. Dabei sollen die Kinder sich innerlich für eine Musikrichtung entscheiden. Danach wird das Spiel folgendermaßen fortgesetzt:

Während die Spielleitung z. B. die Popmusik einschaltet, dürfen diejenigen Kinder in die Kreismitte treten und sich im Takt zur Musik bewegen, die sich für diese Musikrichtung entschieden haben. Alle übrigen Kinder klatschen rhythmisch auf ihre Oberschenkel. Sobald jedoch das Musikstück beendet ist, gehen die Kinder wieder auf ihren Ausgangsplatz zurück. Danach lässt die Spielleitung ein Beispiel für eine andere Musikrichtung abspielen, und wieder dürfen die Kinder, denen diese Musik gefällt, dazu tanzen. Das Spiel ist beendet, wenn alle Kinder einmal tanzen und dabei vielleicht Kinder mit dem gleichen Musikgeschmack wie sie selbst finden konnten.

Das können wir alle!

Spielform: Kleingruppe/Großgruppe

Bei diesem Spiel sollen die Kinder sich bewusst solche Bewegungsarten aussuchen, von denen sie glauben, dass sie diese gut gemeinsam ausüben können.

Die Kinder bilden einen großzügigen Kreis. Jedes denkt sich eine Bewegungsart aus, die alle Kinder gut nachmachen können. Ein Kind darf beginnen (z. B. hüpft es auf einem Bein auf der Stelle) und alle übrigen Kinder machen diese Bewegung nach. Wenn das gut geklappt hat, darf das Kind, das rechts neben dem ersten steht, eine neue Bewegungsart vorstellen, indem es z. B. mit den Fingern schnippt. Auf diese Weise wird das Spiel solange weitergeführt, bis alle Kinder eine Bewegungsart vorstellen konnten. Sollte jedoch ein Bewegunsvorschlag nicht von allen Kindern nachgemacht werden können, fängt das Spiel von vorne an.

Variation

Die Kinder stehen im Kreis. Ein beliebiges Kind stellt eine Bewegung vor und lässt sich von der Spielleitung die Augen verbinden. Danach deutet die Spielleitung auf zwei bis vier Kinder, die dann auf dem linken Bein hüpfen. Alle übrigen Kinder dürfen auf dem rechten Bein hüpfen. Sind alle Kinder in Bewegung, bittet die Spielleitung das Kind seine Augenbinde abzunehmen und diejenigen Kinder zu suchen, die jetzt auf dem linken Bein hüpfen. Gelingt es dem Kind alle Kinder ausfindig zu machen? Zur Kontrolle treten die betreffenden Kinder schließlich in die Kreismitte. Anschließend wird das Spiel auf die gleiche Art mit einem neuen Kind wiederholt.

Das gefällt mir am besten!

Spielform: Partnerspiel/Kleingruppe/Großgruppe
Material: eine Handtrommel, drei Gymnastikreifen, jeweils drei Dinge von der gleichen Sorte, z. B. drei Pullover, drei Taschen und drei Spielzeugautos, die sich jedoch durch ein äußeres Merkmal wie Farbe, Form und Größe voneinander unterscheiden.

Was einem selbst gefällt, muss noch lange nicht allen Leuten gefallen. Dass Geschmäcker durchaus verschieden sein können, zeigt das folgende Spiel:

Die Kinder holen sich drei Gymnastikreifen, die sie in größeren Abständen auf dem Boden verteilen. Während sie nun um die einzelnen Reifen herum und durch den Raum gehen, legt die Spielleitung in jeden Reifen einen von drei Gegenständen der gleichen Sorte, die sich in Material, Farbe oder Muster voneinanderunterscheiden. Die Kinder gehen von Reifen zu Reifen, um die einzelnen Gegenstände zu betrachten. Das geht solange, bis die Spielleitung einmal kräftig trommelt und z. B. sagt: »Lauft schnell zu dem Schal (der Tasche/dem Pullover), der/die euch am besten gefällt. Daraufhin laufen die einzelnen Kinder zu dem Reifen, in dem ihr Favorit liegt. Bevor die Spielleitung drei neue Dinge in die einzelnen Reifen legt, dürfen die Kinder, die mögen, ihre Wahl auch begründen.

Nein sagen und
Grenzen setzen

Kinder, die ihre innere Grenze spüren und ihrem Gefühl vertrauen, können – wenn es darauf ankommt – mit entschlossener Stimme »Nein« sagen und sich eindeutig abgrenzen. Kinder sollten eine genaue Vorstellung davon haben, welche Dinge für sie einfach nicht in Ordnung sind, damit sie sich, wenn nötig, dagegen wehren können.

Deshalb brauchen Kinder von klein auf Erwachsene, die ihnen selbstbewusste Verhaltensweisen vorleben und sie in ihrem Können bestätigen. In der Gruppe können die Kinder beobachten, dass das »Nein« sagen und Grenzen setzen nicht nur ihnen selbst, sondern auch anderen Kindern schwer fallen kann.

Es genügt also nicht, den Kindern gut zuzureden und ihnen Mut zu machen. Vielmehr brauchen sie vielfältige Möglichkeiten, die ihnen helfen, ihren Fähigkeiten zu vertrauen und an echter Stärke zu gewinnen. Die folgenden Spiele ermutigen die Kinder, selbstständig zu denken, eigene Ideen zu entwickeln und sich verbal zu behaupten. Sie befähigen die Kinder dazu, in bestimmten Situationen ihre innere Grenze zu spüren. Miteinander üben sie »Nein« zu sagen und sich im entscheidenden Moment abzugrenzen. Darüber hinaus machen die Kinder die Erfahrung, dass es verschiedene Menschen in ihrem näheren Umfeld gibt, denen sie sich anvertrauen können und die ihnen weiterhelfen.

Grenzwächter

Spielform: Kleingruppe

Ein Kind steht mit dem Rücken vor einer Wand und hat die Rolle des »Grenzwächters«, der verhindern soll, dass die Kinder die Wand hinter ihm erreichen. Alle anderen Kinder stehen in einer Reihe nebeneinander vor der gegenüberliegenden Wand und kehren dem Grenzwächter den Rücken zu. Auf ein Startzeichen, das durch die Spielleitung erfolgt, gehen die Kinder möglichst schnell rückwärts auf die Wand hinter dem Wäch-

ter zu. Dieser ruft nun laut den Namen jedes Kindes, welches kurz davor ist, die Wand zu erreichen, und schickt es so an seinen Ausgangsplatz zurück. Dort angekommen, beginnen die betreffenden Kinder ihr Vorhaben erneut. Nach einer Minute bricht die Spielleitung das Spiel ab und bittet ein anderes Kind das Spiel auf die gleiche Art zu wiederholen. Alle die einmal »Grenzwächter« sein konnten, merken, dass es gar nicht so einfach ist, jedem Kind die Grenze rechtzeitig zu verdeutlichen.

Entlang der Grenze

Spielform: Einzelbeschäftigung/Partnerspiel/Kleingruppe
Material: eine Kreide oder Gymnastikseile

Eine Grenze spüren und sich entlang an einer Grenze bewegen, das können die Kinder folgendermaßen ausprobieren:

Die Spielleitung holt sich eine Kreide oder mehrere Seile und geht in die Raummitte. Dort angekommen unterteilt sie den Raum in zwei gleichgroße Hälften, indem sie einen langen waagrechten Kreidestrich in der Raummitte macht oder die Seilenden miteinander verknotet und das daraus gewonnene lange Seil auf den Boden legt. Anschließend gehen die Kinder nacheinander an der »Grenze« entlang. Am anderen Ende des Kreidestrichs bzw. Seils gehen sie um dieses herum und auf die gleiche Art wieder zurück. Währenddessen versuchen sie, den Kreidestrich bzw. die Seile möglichst nicht mit den Füßen zu berühren. Danach findet ein Erfahrungsaustausch im Kreis statt. Dabei können die Kinder u.a. folgende Fragen miteinander klären:

- »War es schwer oder leicht entlang der Grenze zu gehen?«
- »Wie konnten die einzelnen Kinder entlang der Grenze gehen ohne diese zu berühren? Schnell oder eher langsam?«
- »Wie haben die einzelnen Kinder die Grenze empfunden? Schmal oder breit?«

Variation

Immer zwei Kinder stellen sich so auf, dass die Grenze bzw. der Kreidestrich zwischen ihnen liegt. Sie versuchen parallel entlang der »Grenze« zu gehen und diese nicht zu berühren. Gelingt das Zusammenspiel?

Schoßhündchen

Spielform: Kleingruppe

Bis auf ein Kind sitzen alle im Stuhlkreis beisammen. Das einzelne Kind spielt die Rolle des »Schoßhündchens« und begibt sich in die Kreismitte. Während es seine Augen schließt, blinzelt die Spielleitung einem weiteren Kind zu und gibt ihm damit zu verstehen, dass es dem »Schoßhündchen« erlauben darf, sich auf seinen Schoß zu setzen. Anschließend bittet die Spielleitung das Kind in der Mitte, seine Augen zu öffnen. Es schaut sich im Kreis um, krabbelt auf allen Vieren auf irgendein Kind zu und sagt: »Wau-Wau, darf ich auf deinem Schoß sitzen?« Ist das angesprochene Kind nicht das zuvor ausgewählte, sagt es laut und deutlich »Nein!« Das »Schoßhündchen« versucht nun, das Kind zu überreden, doch dieses verneint die erneute Frage noch viel bestimmter. Nach dem zweiten »Nein!« setzt das »Schoßhündchen« seine Suche auf die gleiche Art fort. Steht es dann vor dem ausgewählten Kind, stellt es wieder die Frage, die zunächst verneint wird. Beim zweiten Versuch wird seine Frage aber bejaht. Es darf sich auf den Schoß des Kindes setzen und wartet ab, bis die Spielleitung für die nächste Runde ein neues »Schoßhündchen« auswählt, auf dessen freien Platz es sich dann setzen darf.

Welche Grenzen gibt es?

Spielform: Einzelbeschäftigung/Partnerspiel / Kleingruppe
Material: acht bis zwölf Postkarten oder Bilder aus Illustrierten und Katalogen von natürlichen und unnatürlichen Grenzen

Welche Grenzen gibt es? Wie sehen die Grenzen aus? Und wozu sind die Grenzen gut?

Die Kinder sitzen um einen Tisch herum, auf dessen Mitte die Spielleitung acht bis zwölf Bilder so hinlegt, dass das Motiv verdeckt ist. Eines der Kinder beginnt das Spiel und dreht ein Bild um, auf dem z. B. ein Absperrband zu sehen ist. Das Kind erzählt was es sieht und teilt der Gruppe mit, ob es sich dabei um eine natürliche oder unnatürliche Grenze handelt. Dabei sagt es auch, ob die betreffende Grenze starr oder variabel ist. Sind die Kinder der gleichen Meinung, dann darf dasjenige Kind, das rechts neben ihm sitzt, das Spiel fortsetzen und ein weiteres Bild umdrehen. Sobald alle Bilder aufgedeckt sind, ist das Spiel beendet.

Beispiele:

- Natürliche Grenzen: Hecke, Bach, Schlucht ...
- Unnatürliche Grenzen:
  Stacheldrahtzaun, Absperrseil,
  Mauer ...

Privatgrundstück

Spielform: Partnerspiel/Kleingruppe/Großgruppe
Material: für die Hälfte der Kinder jeweils einen Gymnastikreifen

Die Hälfte der Kinder holt sich jeweils einen Gymnastikreifen. Jedes legt seinen Reifen irgendwo auf den Boden und stellt sich hinein. Der Reifen stellt jeweils die »private Grundstücksgrenze« dar. Zum Rhythmus des

Trommelspiels gehen alle übrigen Kinder kreuz und quer durch den Raum. Stoppt jedoch das Trommelspiel, geht jedes Kind zu einem »Grundstück« und versucht, möglichst rasch mit einer Fußspitze in den Reifen zu tippen. Das wiederum lassen die Kinder in den Reifen, die keine ungebetenen Gäste auf »ihrem Grundstück« haben wollen, nicht bieten. Sie rufen laut »Nein!«, worauf die betreffenden Kinder weitergehen müssen. Nach ein paar Durchgängen findet ein Rollenwechsel und später ein Erfahrungsaustausch im Stuhlkreis statt. Dabei können u.a. folgende Fragen miteinander geklärt werden:

- »Weshalb sind viele Gärten, Kindertagesstätten und Häuser eingezäunt?
- »Warum mögen es viele Menschen nicht, wenn man ihr Grundstück betritt?«
- »Was kann man tun, wenn man z.B. einen Ball in ein fremdes Grundstück kickt?«

Das ist nicht in Ordnung!

Spielform: Einzelbeschäftigung/ Partnerspiel / Kleingruppe
Material: für jedes Kind einen roten Tonpapierstreifen

Zu Dingen, die schön und angenehm sind, sagen wir gerne »Ja!« Im Gegensatz dazu, fällt es vielen Menschen schwer, unangenehme Dinge anzusprechen und dazu Stellung zu nehmen. Spielerisch und spontan können die Kinder das »Nein sagen« mithilfe eines roten Tonpapierstreifens üben:

Die Kinder sitzen in einem Stuhlkreis und erhalten jeweils einen roten Tonpapierstreifen, den sie in der Hand halten. Danach fragt die Spielleitung z.B.: »Findest du es gut, wenn ein Kind mit Absicht geschubst wird?« Diejenigen Kinder, die der Meinung sind, dass das nicht schlimm ist, bleiben ruhig sitzen. Wer jedoch anderer Ansicht ist, nimmt seinen roten Tonpapierstreifen, legt diesen direkt vor seine Füße hin und grenzt sich somit davon ab. Bevor jedoch die Spielleitung eine neue Frage stellt, versuchen die Kinder nacheinander, ihre Antwort zu begründen.

Beispiele:

»Findest du es gut, wenn ein Kind ...

- gezwickt wird?«
- geärgert wird?«
- für sein gemaltes Bild gelobt wird?«
- ...

Du bist nicht allein

Spielform: Einzelbeschäftigung/Partnerspiel / Kleingruppe
Material: ein Tonkarton (DIN A 3), ein Speckstein, ein schwarzer Filzstift

Wem können die Kinder sich anvertrauen, wenn sie Probleme haben, sich viel-leicht in bestimmten Situationen nicht so gut abgrenzen und »Nein« sagen können? Bei dem folgenden Spiel wird den Kindern bewusst, dass es viele Men-schen gibt, an die sie sich mit all ihren Sorgen und Nöten wenden können.

Die Spielleitung bittet die Kinder an einen Tisch und legt den Tonkarton in die Tischmitte. Danach holt sie einen Speckstein, den sie einem belie-bigen Kind übergibt. Dieses Kind darf nun eine Person benennen, die ihm in bestimmten Situationen (weiter-)helfen kann. Das kann z. B. die Mutter, der Vater, die Oma, der Opa, die Tante, der Onkel, die Erzieherin, der Erzieher, die Lehrerin, der Lehrer, die Polizistin oder der Polizist sein. Reihum wird der Speckstein weitergegeben und dabei immer eine zusätz-liche Person aufgezählt, welche die Spielleitung auf das Plakat schreibt. Erst wenn den Kindern niemand mehr einfällt, dürfen sie die einzelnen Namen, die auf dem Plakat stehen, zählen. Dabei spielt es keine Rolle, ob die Kinder lesen können. Vielmehr ist die große Anzahl der aufgeschrie-benen Personen entscheidend, die ihnen eindrucksvoll bewusst macht, dass sie sich jederzeit Rat und Hilfe von verschiedenen Menschen holen können.

Zu zweit geht es besser!

Spielform: Kleingruppe
Material: mehrere Springseile

Zu zweit ein Hindernis zu überwinden, macht Mut und zeigt den Kindern, dass sie Schwierigkeiten gemeinsam meistern können.

Die Kinder gehen paarweise zusammen. Jedes Paar bis auf eines erhält ein Seil. Die Paare mit Seil suchen sich einen Platz im Raum. Dort bilden sie Hindernisse, indem sie sich auf den Boden knien und das angespannte Seil etwas hochhalten. Die zwei Kinder, die ohne Seil sind, halten sich an den Händen und versuchen die einzelnen Hindernisse gemeinsam zu überqueren, indem sie über die Seile springen oder unter den Seilen hindurchkrabbeln. Dabei dürfen sie weder einander loslassen noch ein Seil berühren. Gelingt das Vorhaben? Nach einigen Versuchen tauschen die beiden Kinder ihre Rolle mit zwei anderen, die dann ebenfalls Hand in Hand die Hindernisse zu überqueren versuchen.

Meine Kappe bleibt bei mir!

Spielform: Kleingruppe
Material: eine Augenbinde und eine Kappe

Damit die Kinder merken, dass sie unerwünschte Verhaltensweisen nicht machtlos erdulden müssen, eignet sich folgendes Spiel:

Alle Kinder bilden einen Stuhlkreis. Die Spielleitung wählt ein beliebiges Kind aus, das sich eine Kappe aufsetzt und sich von ihr die Augen verbinden lässt. Anschließend deutet die Spielleitung auf ein weiteres Kind, das sich möglichst leise anschleicht, um die Kappe zu stibitzen. Dies wiederum versucht das Kind zu verhindern. Denn spätestens wenn es die Hand auf seinem Kopf spürt, ruft es laut und deutlich: »Nein! Ich möchte nicht, dass du mir die Kappe wegnimmst!« Daraufhin entschuldigt sich das Kind für sein Verhalten und geht wieder auf seinem Ausgangsplatz zurück.

»Felsen« überwinden

Spielform: Kleingruppe
Material: ein großer Tisch

Die Kinder stehen im Kreis, in dessen Mitte die Spielleitung einen großen Tisch platziert. Er soll einen Felsen darstellen. Ein Kind beginnt das Spiel, indem es zu einem im Kreis gegenüber stehenden Kind sagt: »*Lucy,* ich möchte mit dir den Platz tauschen!« Daraufhin antwortet das ausgewählte Kind: »Wie soll ich den Felsen überwinden?« Das erste Kind antwortet z. B. »Indem du über den Felsen steigst!« Das gerufene Kind klettert über den Tisch und stellt sich dann neben das erste Kind auf die Kreisbahn. Anschließend ruft es ein neues Kind auf, das auf die gleiche Art ein anderes zu sich her bittet.

Beispiele:

Das zweite Kind fragt, wie es den »Felsen« überwinden kann.
Daraufhin kann das erste Kind antworten:

»Indem du ...

- an dem Felsen vorbei gehst!«,
- durch die Höhle krabbelst!«,
- dir ein paar starke Kinder sucht, die den Felsen abtragen bzw. wegtragen!«
- ...

Wollen wir wieder Freunde sein?

Spielform: Kleingruppe
Material: eine Handtrommel

Die Art und Weise wie man etwas bereut, kann durchaus überzeugend sein. Dennoch bleibt danach die Frage, ob die Kinder, die davon betroffen sind, verzeihen wollen und können.

Die Kinder bilden einen Stuhlkreis. Zwei Kinder gehen in die Kreismitte und spielen die »Neinsager«, die sich über die restlichen Kinder geärgert haben. Alle übrigen Kinder wollen sich mit den »Neinsagern« wieder vertragen und überlegen sich, wie sie die Freundschaft der beiden wiedergewinnen können. Die »Neinsager« gehen nun Hand in Hand auf irgendein Kind zu. Dieses spricht die beiden z. B. sehr freundlich mit »Bitte!« oder »Seid doch so lieb!« an. Es kann die Kinder auch zum Lachen bringen und dabei fragen: »Sind wir wieder Freunde?« Die Kinder antworten noch nicht, sondern gehen auf ein anderes Kind zu, das den Vorgang wiederholt. Nach einer Weile stoppt die Spielleitung das Spiel und die beiden Kinder beratschlagen, ob die ausgewählten Kinder sie überzeugen konnten. Zudem dürfen die übrigen Kinder, die im Stuhlkreis sitzen, ebenfalls sagen, wie sie entscheiden würden. Danach wiederholen zwei neue Kinder in der Kreismitte das Spiel. Dabei sind wieder alle Kinder gespannt, wie die beiden Kinder am Ende entscheiden werden.

Anliegen und Wünsche
äußern

Für einen guten Gesprächsverlauf ist es wichtig, dass die Kinder sich gegenseitig zuhören und ausreden lassen. Dabei sind grundlegende Regeln zu beachten, die u.a. besagen, dass man sich nicht gegenseitig anschreit, beschimpft oder gar schlägt.

Bei den nachfolgenden Spielen lernen die Kinder erst einmal nachzudenken, bevor sie sich äußern. Sie lernen – durch ihre Köperhaltung, ihre Mimik und Gestik, aber auch ihren Tonfall – zu zeigen, dass sie einander freundlich zugewandt sind. Dazu gehört auch, dass sie sich während des Gesprächsverlaufs gegenseitig ansehen und dass sie versuchen, kurze Sätze zu bilden und sich möglichst präzise auszudrücken. Auch lernen sie anderen Personen aufmerksam zuzuhören, die Kernaussage zu erfassen und eine Rückmeldung zu geben. Außerdem üben sie, das was ihr Gesprächspartner sagt, inhaltlich wiederzugeben. Anhand der Reaktion und den Äußerungen stellen die Kinder fest, ob sie ihren Gesprächspartner richtig verstanden haben.

Zusätzlich lernen sie Möglichkeiten kennen, ihre Anliegen, Bedürfnisse und Wünsche nicht nur verbal, sondern auch mithilfe von unterschiedlichen Materialien zum Ausdruck zu bringen. So können insbesondere Kinder, die über unzureichende Deutschkenntnisse verfügen, schlecht gelaunt sind oder gar eine Wut im Bauch haben, zum Mitmachen motiviert und schließlich auch zum Sprechen ermutigt werden.

Alles verstanden?

Spielform: Kleingruppe/Großgruppe

Für einen erfolgreichen Schulstart ist es wichtig, dass die Kinder gut zuhören und eine Arbeitsanweisung richtig befolgen können.

Die Kinder stehen in einem großzügigen Kreis. Eines der Kinder beginnt und sagt z.B.: »Ich möchte, dass wir uns gegenseitig einmal mit beiden Händen abklatschen.« Bevor die Kinder ihre Arme waagrecht zur Seite aus-

strecken, um mit den flachen Händen ihr rechtes und linkes Nachbarskind abzuklatschen, wiederholen sie die Aussage noch einmal sinngemäß: »Du möchtest gerne, dass wir uns gegenseitig einmal mit den Händen abklatschen!« Das Spiel wird der Reihe nach im Uhrzeigersinn fortgesetzt, sodass jedes Kind einmal eine Anweisung an die Gruppe geben darf. Das nächste Kind könnte z. B. sagen: »Ich möchte gerne, dass wir dreimal auf der Stelle hüpfen!« Erst wenn alle Kinder eine Anweisung geben und die Gruppe jede Anweisung wiedergeben und befolgen konnte, ist das Spiel aus.

Variation

Spielen weniger als vier Kinder mit, setzen sie sich an einen Maltisch. Die Spielleitung gibt den Kindern Anweisungen, indem sie z. B. sagt: »Ich möchte gerne, dass jedes Kind sich ein Blatt nimmt und einen Kreis zeichnet. Daraufhin wiederholen die Kinder die Anweisung, die sie schließlich ausführen.

Ich wünsche mir …

Spielform: Kleingruppe
Material: ein Redestab oder etwas ähnliches

Beim folgenden Spiel lernen die Kinder, persönlichen Wünsche und Anliegen vor der Gruppe auszusprechen.

Die Kinder sitzen im Stuhlkreis und überlegen sich, was sie sich von der Gruppe wünschen. Anschließend stellen alle Kinder sich direkt vor ihre Stühle. Die Spielleitung erteilt einem Kind das Wort, indem sie ihm den Redestab übergibt. Es formuliert einen Wunsch, den es an die Gruppe richtet. Danach geht es auf ein anderes Kind zu, überreicht ihm den Stab, und geht dann wieder auf seinen Platz zurück. Sobald es auf seinem Stuhl sitzt, darf das Kind mit dem Redestab seinen persönlichen Wunsch an die Gruppe äußern. Wenn alle Kinder im Stuhlkreis sitzen, überlegen sie gemeinsam, ob es Wünsche gibt, die vielleicht sofort erfüllt werden können.

Beispiele:

»Ich wünsche mir, dass wir ...

- wieder einmal einen Waldtag machen,«
- mehr Kreisspiele spielen,«
- nicht so viel streiten.«

Schwierig oder leicht?

Spielform: Kleingruppe
Material: ein Softball, eine Handtrommel

Kinder sollten frühzeitig lernen, über ihre Schwierigkeiten zu sprechen. Das folgende Spiel ist dafür eine gute Übung:

Jedes Kind holt sich einen Softball und sucht sich einen Platz im Raum. Die Kinder dürfen mit ihren Bällen spielen und bekommen dann die Aufgabe, sich verschiedene Übungen auszudenken und diese auszuprobieren (z.B. den Ball auf den Boden prellend durch den Raum laufen, zwischen die Oberschenkel klemmen und loshüpfen oder gegen die Wand werfen und wieder auffangen.) Konnten die Kinder ausgiebig mit ihren Bällen spielen, schlägt die Spielleitung einmal kräftig auf die Trommel. Daraufhin legen alle ihre Bälle zur Seite und bleiben im Raum stehen. Die Spielleitung benennt ein Kind und fordert es auf, der Gruppe zu erzählen, welche Übung ihm Schwierigkeiten bereitet hat. Es könnte z.B. sagen: »Mir ist es schwer gefallen, den Ball hochzuwerfen und wieder aufzufangen!« Anschließend ruft das Kind ein anderes zu sich und reicht ihm die Hand. Das herbeigerufene Kind formuliert dann ebenfalls einen Satz, z.B.: »Mir ist es schwer gefallen, über den Ball zu hüpfen!« Danach ruft auch dieses Kind ein weiteres auf, welches das Spiel auf die gleiche Art fortsetzt. Wenn alle Kinder Hand in Hand in einer Reihe stehen und jedes einen Satz formulieren konnte, ist die erste Spielrunde beendet. In der zweiten Spielrunde sagen die Kinder dann was gut geklappt hat, z.B. folgendermaßen: »Ich habe mich sehr darüber gefreut, dass ich den Ball bis zur gegenüberliegenden Wand rollen konnte!«

Das ist mir wichtig

Spielform: Kleingruppe
Material: ein großer weißer Tonkarton (DIN A3), für jedes Kind einen schwarzen Filzstift

Damit sich alle Kinder in der Gruppe wohl fühlen, ist es wichtig, dass die Gruppe bespricht, wie sie miteinander umgehen wollen. Auf diese Weise werden den Kindern auch unerwünschte Verhaltensweisen bewusst gemacht.

Die Kinder setzen sich um einen Tisch herum, auf dem die Spielleitung einen großen weißen Tonkarton platziert. Jedes Kind bekommt einen schwarzen Filzstift. Die Kinder erhalten die Aufgabe sich zu überlegen, wie sie gut miteinander umgehen können. Ein beliebiges Kind beginnt und sagt z. B.: »Mir ist wichtig, dass wir uns gegenseitig keine Schimpfwörter sagen!« Anschließend nimmt es seinen Stift und zeichnet einen Pfeil auf dem Papier in Richtung eines Kindes, das nun z. B. sagt: »Mir ist wichtig, dass wir uns gegenseitig helfen!« Danach setzt es seinen Stift an der Pfeilspitze an und zeichnet einen langen Pfeil, der auf ein weiteres Kindes zeigt, welches das Spiel fortsetzt. Konnten alle Kinder einen Satz formulieren und einen Pfeil zeichnen, schauen sie sich das entstandene Bild genau an. Dabei fällt auf, dass die Pfeile miteinander verbunden sind und stets die ganze Gruppe betreffen.

Beispiele:
»Mir ist wichtig, dass...

- wir uns gegenseitig ausreden lassen!«
- wir uns gegenseitig nicht schlagen!«
- wir miteinander friedlich spielen!«

Grenzsteine

Spielform: Partnerspiel
Material: ein Bogen weißes Papier (DIN A3), eine lange rote Schnur, jede Menge Kieselsteine

Zwei Kinder, die miteinander in Streit geraten sind, können – sobald die erste Wut verraucht ist – folgendermaßen versuchen, ihren Konflikt friedlich zu regeln:

Die Kinder setzen sich direkt gegenüber an einen Tisch, beide erhalten eine größere Menge Kieselsteine. Zwischen die Kinder legt die Spielleitung den Papierbogen, den sie durch die rote Schnur in zwei Hälften unterteilt. Die Schnur symbolisiert die Grenzlinie zwischen den Konfliktpartnern. Eines der Kinder beginnt, indem es z.B. sagt: »Für mich ist es schlimm, wenn du mich beschimpfst!« Dabei legt es einen Kieselstein auf seiner Seite direkt vor die »Grenze«. Dann setzt das zweite Kind das Spiel fort, indem es z.B. sagt: »Ich finde es nicht gut, wenn du mich an den Haaren ziehst!« Anschließend nimmt es sich ebenfalls einen Kieselstein, den es auf seiner Seite direkt vor die ausgebreitete Schnur legt. Auf diese Weise wird das Spiel solange weitergeführt, bis die Kinder einander alles sagen konnten, was ihnen am Herzen lag. Dabei werden sie sicherlich erstaunt sein, dass sie durch ihre unerwünschte Verhaltensweisen die Grenze beidseitig längst überschritten haben. Im Anschluss daran überlegen die Kinder, wie sie in Zukunft besser miteinander umgehen können. Für jede Idee, die beide Kinder gut finden, nehmen sie einen Kieselstein wieder vom Blatt weg, so dass sie am Schluss wieder vor einem leeren Blatt sitzen.

Das mögen wir nicht!

Spielform: Kleingruppe
Material: für jedes Kind ein weißes Papier (DIN A4), Wachsmalstifte

Alle Kinder sitzen an einem Tisch und überlegen sich gemeinsam, welche unerwünschten Verhaltensweisen sie keinesfalls in der Gruppe haben möchten. Konnten alle Kinder eine bestimmte Verhaltensweise nennen, die auch die übrigen Kinder für falsch halten, versucht jedes sein Beispiel aufzumalen. Sind alle Bilder fertig, bilden die Kinder einen Stuhlkreis und legen ihre Bilder unter ihren Stühlen ab. Ein beliebiges Kind beginnt, nimmt sein Bild, stellt sich vor seinen Stuhl und zeigt es in die Runde. Dabei sagt es z. B.: »Ich möchte nicht, dass wir uns gegenseitig kratzen!« Die Gruppe zeigt, dass sie das Anliegen des Kindes verstanden hat und sagt: »Du möchtest nicht, dass wir uns gegenseitig kratzen!« Während nun das Kind stehen bleibt, blinzelt es einem anderen zu, das ebenfalls aufsteht, sein Bild der Gruppe zeigt und z. B. sagt: »Ich möchte nicht, dass wir uns gegenseitig ärgern!« Daraufhin sagt die Gruppe: »Ihr möchtet nicht, dass wir uns gegenseitig kratzen oder ärgern!« Auf diese Weise wird das Spiel solange weitergeführt, bis alle Kinder einmal an der Reihe waren.

Variation
Anstelle der unerwünschten Verhaltensweisen malen die Kinder jeweils eine erwünschte Verhaltenweise und stellen sie im Kreis vor.

Klärendes Gespräch

Spielform: Partnerspiel/Kleingruppe
Material: eine Holzkugel oder etwas Ähnliches

Damit alle Parteien sich richtig verstanden fühlen und ihren Konflikt friedlich regeln können, ist es wichtig, dass die Spielleitung ihnen von Anfang an aktiv zuhört.

Die Spielleitung setzt sich zwischen zwei Kinder, die einen Konflikt miteinander klären wollen. Sind mehrere Kinder an dem Konflikt beteiligt, dann bilden sie einen Stuhlkreis.

Ein Kind erhält die Holzkugel und somit das Wort. Das Kind sagt z.B.: »Udo lässt mich einfach nicht mitspielen!« Die Spielleitung versucht, die Gefühle und Empfindungen aus der Äußerung herauszuhören und in Worten zusammenzufassen. Dazu hebt sie gut sichtbar die Hand und sagt z.B.: »Du fühlst dich beim Spielen ausgeschlossen!« Sobald jedoch die Spielleitung ihre Hand wieder senkt, übergibt ihr das Kind die Kugel, die sie dann dem zweiten Kind reicht. Dieses könnte z.B. sagen: »Ich möchte Ali nicht mitspielen lassen, weil er ständig sagt wie ich den Turm bauen soll.« Anschließend hebt die Spielleitung erneut ihre Hand, um auf die gleiche Art die Gefühle und Empfindungen, die der Aussage zugrunde liegen, zu verbalisieren, indem sie z.B. sagt: »Du bist verärgert über Ali, weil du selber den Turm bauen möchtest.«

Entschuldigung – das tut mir leid!

Spielform: Partnerspiel/Kleingruppe
Material: eine Handtrommel

Mit dem folgenden Spiel können Kinder lernen, sich für etwas, das nicht in Ordnung gewesen ist, zu entschuldigen.

Zum Rhythmus des Trommelspiels bewegen sich alle Kinder ganz wie sie wollen im Raum. Irgendwann jedoch stoppt das Trommelspiel. Jetzt bleiben alle stehen und hören aufmerksam zu, wenn die Spielleitung z.B. ruft: »Stell dir vor, du hast ein Kind gestoßen, sodass es gestolpert ist und sich wehgetan hat!« Daraufhin bilden die Kinder so schnell wie möglich Paare, um sich bei ihrem Partnerkind zu entschuldigen. Sollte ein Kind ohne Partnerkind sein, springt die Spielleitung ein. Anschließend trommelt die Spielleitung einen neuen Rhythmus, zu dem die Kinder sich wieder einzeln frei durch den Raum bewegen.

Beispiele:

»Stell dir vor, du hast ...

- ein Glas Sprudel über ein Bild von einem anderen Kind gekippt,«
- ein jüngeres Kind so sehr geärgert, dass es weint,«
- ein Kind beschimpft, weil du dich über sie oder ihn geärgert hast.«

Gut gemacht!

Spielform: Kleingruppe
Material: eine Handtrommel, Gymnastikreifen für alle Kinder bis auf eines, ein Krepppapierstreifen

Ein Kind bekommt die Handtrommel. Alle anderen nehmen sich einen Gymnastikreifen. Die Kinder legen mit den Reifen einen engen Kreis auf dem Boden. Ein Kind erhält einen Krepppapierstreifen, den es um seinen Reifen wickelt. Während die Kinder sich hintereinander in ihre Reifen stellen, geht das Kind mit der Handtrommel in die Kreismitte. Zum Rhythmus der Trommel hüpfen die Kinder im Uhrzeigersinn von Reifen zu Reifen. Das geht solange, bis das Trommeln aufhört. Sofort bleiben alle stehen und wenden sich dem Kind mit der Trommel zu. Dieses schaut zu dem Kind, das sich im gekennzeichneten Reifen befindet, und gibt ihm irgendeine positive Rückmeldung, indem es z.B. sagt: »Ich finde, du hast heute ein schönes Bild gemalt!«. Das betreffende Kind bedankt sich und tauscht mit dem Kind in der Kreismitte den Platz. Danach beginnt eine neue Spielrunde.

Beispiele:

- »Ich finde es gut, dass du mir heute beim Aufräumen geholfen hast.«
- »Ich finde, dass du heute ein schönes Kleid trägst.«
- »Mir ist aufgefallen, dass du heute so nett gewesen bist.«

Gute Wünsche

Spielform: Kleingruppe/Großgruppe
Material: eine Handtrommel

Das folgende Spiel im Kreis bietet sich an, bevor die Kinder den Kreis auflösen und nach Hause gehen.

Die Kinder gehen zu zweit zusammen und stellen sich paarweise so im Kreis auf, dass von jedem Paar ein Kind im Innen- und eines im Außenkreis steht. Dabei schaut jedes Kind zu seinem Partner. Nun beginnt die Spielleitung langsam und gleichmäßig zu trommeln. Zu jedem Trommelschlag gehen die Kinder im Außenkreis einen Schritt nach rechts weiter, so dass sie vor dem nächsten Kind stehen. Sobald jedoch die Spielleitung »Stopp!« ruft, dürfen diejenigen Kinder, die im Innenkreis stehen, dem Kind, das ihnen gerade gegenüber steht, etwas Gutes zum Abschluss wünschen, indem sie z. B. sagen: »Ich wünsche dir einen guten Heimweg!« oder »Ich wünsche dir einen schönen Nachmittag!«. Danach schlägt die Spielleitung wieder die Trommel und das Spiel wird fortgesetzt. Nach ein paar Durchgängen wechseln die Kinder im Innen- und Außenkreis ihre Plätze und wiederholen das Spiel.

Aktionen und Projekte

Aktionen und Projekte, die sich über einen längeren Zeitraum erstrecken, sind eine gute Möglichkeit, sich ganz intensiv mit einem bestimmten Thema zu beschäftigen. Die Kinder überlegen gemeinsam und nehmen aktiv an der Planung und Organisation teil. Gemeinsame Aktionen machen sehr viel Spaß und verschaffen den Kindern lehrreiche und interessante Erlebnisse, die so schnell nicht in Vergessenheit geraten. Weil die Kinder alles gemeinsam auf die Beine stellen, entsteht ein großer Zusammenhalt in der Gruppe. Die positiven Erfahrungen tragen dazu bei, dass die einzelnen Kinder gerne ihre Zeit in der Gruppe verbringen, mit ihr auf Entdeckungstour gehen und viel Neues lernen.

Die folgenden zehn Aktionen und Projektideen können mit kleineren und größeren Gruppen durchgeführt werden. Sie enthalten viele Anregungen und Denkanstöße zur Förderung der sprachlichen, sozialen und interkulturellen Kompetenzen, denen eine besondere Bedeutung in den Rahmen- und Bildungsplänen der einzelnen Bundesländer zukommt.

Zu Großmutters Zeiten

Was haben die Kinder eigentlich früher gemacht, als es noch keinen Fernseher gab? Welche Spiele haben sie miteinander gespielt? Und gab es zu Großmutters Zeiten bereits einen Kindergarten? All diese und andere Fragen können die Kinder an ältere Damen und Herren stellen, die über einen längeren Zeitraum hinweg einmal im Monat eine Erzählstunde für die Kinder durchführen. Im Stuhlkreis oder in der Kuschelecke hören die Kinder begeistert zu, was Kinder zu Großmutters Zeiten so alles miteinander gespielt und unternommen haben. Auf diese Weise werden lebhafte Gespräche in der Gruppe angeregt und bestimmt kommen unterschiedlichste Ideen zur Sprache, bei denen das gute Miteinander im Vordergrund steht.

Variation

Ältere Damen oder Herren werden einmal in der Woche in die Einrichtung eingeladen, um eine Vorlesestunde für die Kinder durchzuführen. Auf diese Weise wird die Lust auf Bücher geweckt, die Kommunikation gefördert und die Phantasie angeregt.

Bilderbuch-Aktion zum Thema »Freundschaft«

Die Kinder erhalten die Aufgabe, jeweils ein Bilderbuch, das sich mit dem Thema »Freundschaft« oder »Streitigkeiten unter Freunden« befasst, für zwei bis drei Wochen in die Einrichtung zu bringen. Die Kinder können sich ein entsprechendes Bilderbuch von zu Hause oder aus einer Bücherei besorgen. Wer möchte, kann sich natürlich auch ein passendes Bilderbuch aus der Einrichtung aussuchen. Jeden Tag darf dann ein anderes Kind sein Buch im Stuhlkreis vorstellen, und danach liest es die Spielleitung der Gruppe vor. Dabei können die Kinder dazu ermutigt werden, selbst einen guten Ausgang für die Geschichte zu finden, indem das Ende zunächst nicht vorgelesen wird. Auf diese Weise werden die Kinder dazu angeregt, nachzudenken, Ideen einzubringen, zu diskutieren und gemeinsam nach Konfliktlösungen zu suchen.

Beispiele für Bilderbücher:

- »Freunde« von Helme Heine, Beltz Verlag
- »Du hast angefangen! Nein, Du!« von David McKee, Verlag Sauerländer
- »Als die Raben noch bunt waren« von Edith Schreibe-Wicke, Thienemann Verlag

Gemeinsam über Stock und Stein

Waldtage sind in vielen Einrichtungen sehr beliebt und wirken sich auf das soziale Verhalten der Kinder überaus positiv aus. Bevor die Gruppe in den Wald geht, sollten wichtige Verhaltensregeln vereinbart werden, z. B. rücksichtsvoll mit Tieren umzugehen, Pflanzen auf ihrem Platz stehen zu lassen, sich ruhig zu unterhalten und in der Gruppe beisammen zu bleiben. Besonders erlebnisreich ist ein Waldtag, bei dem die Kinder miteinander verschiedenste Hindernisse überwinden dürfen. Hierbei ist es wichtig, dass die Spielleitung zwei bis drei Begleitpersonen hat, die ihr helfen, die Hindernisse rasch aufzubauen.

Beispiele:
- Die Kinder bilden Paare. Ein Kind bekommt die Augen verbunden und versucht mithilfe des Partnerkindes, von dem es geführt wird, einen Baumstamm zu überqueren.
- Auf einem schmalen Waldweg legen die Kinder mit vielen Ästen und Zweigen diverse Hindernisse, die sie dann an den Händen gefasst als Gruppe zu überwinden versuchen.
- Die Kinder gehen zu zweit zusammen und versuchen Hand in Hand auf einem Baumstamm zu balancieren.

Naturspiele-Woche

Die Kinder gehen z. B. an drei aufeinanderfolgenden Tagen zu einem nahe gelegenen Waldstück und an den zwei darauffolgenden Tagen auf eine große Wiese. Auf dem Weg dorthin sammeln sie unterschiedliche Naturmaterialien wie Stöcke, kleine Steine, Zapfen und Eicheln, die sie in ihren Rucksäcken transportieren und später für ihr Spiel gut gebrauchen können. Am Zielort angekommen, bilden sie auf einem überschaubaren Spielfeld (im Wald z. B. eine Lichtung oder ein Waldspielplatz) einen großen Kreis. Sie entwickeln Spielideen mit den gesammelten Materialien, bringen Vorschläge ein und besprechen, wer mit wem welches Spiel spielen möchte. Auf diese Weise werden die Fantasie, die Kreativität und der Dialog gefördert. Während die Kinder in der Natur spielen, fällt auf, dass sie kaum miteinander streiten. Vielmehr ergeben sich im Umgang mit den vielseitig verwendbaren Naturmaterialien immer wieder neue Spielideen, sodass selten Langeweile aufkommt.

Der Kakao stammt aus Afrika

Immer drei bis vier Kinder erhalten die Aufgabe, jeweils ein bestimmtes Nahrungsmittel für ein gemeinsames Frühstück zu besorgen. Dabei teilt die Spielleitung den Kindern auch mit, aus welchem Land das jeweilige Nahrungsmittel stammt. Am nächsten Tag bringen alle Kinder die Nahrungsmittel in die Einrichtung mit und decken gemeinsam den Frühstückstisch. Dann kann das gemeinsame Frühstück beginnen: Nacheinander dürfen die Kinder sich etwas von den Köstlichkeiten nehmen. Dabei benennt jedes Kind das, was es gerne essen möchte und versucht auch dessen Herkunftsland zu erraten. Die Kinder, die das betreffende Nahrungsmittel besorgt haben, geben Auskunft. Sobald alle Kinder etwas auf ihrem Frühstücksteller haben, wünschen sie sich gegenseitig einen guten Appetit!

Beispiele:

- Bauernbrot (Deutschland),
- Croissant (Frankreich),
- Käse (Holland),
- Erdnussbutter (Amerika),
- Mortadella (Italien),
- Joghurt (Türkei),
- Kakao (Afrika),
- Tee (China),

Foto- und Bilderausstellung

Die Kinder bringen Fotos und Bilder in die Einrichtung mit, die ihr Herkunftsland zeigen.

Zudem malen sie Bilder z. B. mit Wachs-, Kreide- oder Ölfarben, die auf irgendeine Art ihr Herkunftsland präsentieren. Miteinander sortieren die Kinder die Fotos und Bilder nach Ländern und hängen sie z. B. im Flur oder im Gruppenraum auf. Die Spielleitung beschriftet weiße Schilder mit den Namen der einzelnen Länder und hängt sie über die dazugehörigen Fotos und Bilder. Zwei bis drei Wochen vorher gestalten die Kinder Einladungskarten zur Foto- und Bilderausstellung, die sie ihren Eltern überbringen. Für die Ausstellung am Nachmittag bringen die Eltern internationale Snacks und Getränke für das Buffet mit.

Das Rahmenprogramm kann dann folgendermaßen aussehen:

1. Stehempfang mit alkoholfreien Getränken
2. Begrüßung zur Ausstellung durch die Spielleitung
3. Die Kinder musizieren selbst und/oder singen ein Begrüßungslied.
4. Spiel: Komm, tanz mit mir! (s. S. **14**) (Begrüßungstanz mit internationaler Musik)
5. Eröffnung des Buffets
6. Einige Kinder führen die Eltern durch die Ausstellung. Sie erhalten gleichfarbige Kappen und dürfen zu ihren Arbeiten und Fotos Stellung nehmen. Kinder, die nicht an der Führung teilnehmen, erhalten die Möglichkeit weitere Kunstwerke zu malen.
7. Spiel: Gute Wünsche (s. S. **117**)

Märchen-Vorlesewoche

Neben den Märchen aus dem deutschen Sprachraum, wie »Hänsel und Gretel«, »Das tapfere Schneiderlein« und »Rotkäppchen«, gibt es eine Vielzahl an Märchen, die aus den unterschiedlichsten Ländern stammen. Damit die Kinder verschiedenste Märchen und deren Ursprungsländer kennen lernen, veranstaltet die Spielleitung gemeinsam mit den Kindern eine Märchen-Vorlesewoche. Dabei liest sie den Kindern von Montag bis Freitag jeweils ein Märchen aus einem bestimmten Land im Stuhlkreis vor. Vielleicht gibt es aber auch Mütter oder Väter, die den Kindern gerne jeweils ein Märchen aus ihrem Herkunftsland vorlesen möchten. Dabei können sie ihnen auch berichten, welche Märchen ihnen als Kind vorgelesen wurden und welche Märchen sie ihren Kindern bereits erzählt haben.

Beispiele:
- »Der süße Brei« (Österreich),
- »Die drei kleinen Schweinchen (England),
- »Die Prinzessin auf der Erbse« (Russland)

Internationale Tanzwoche

Die Kinder gestalten miteinander eine Tanzwoche, bei der sie Tänze aus aller Welt kennenlernen. Hierzu kann die Spielleitung erwachsene »Experten« einladen, z. B. türkische Mütter, die den Kindern einen orientalischen Bauchtanz zeigen. Damit die Kinder sich gut bewegen und am besten gleich mitmachen können, sollten sie Leggins, ein Top und Gymnastikschuhe tragen. Für den orientalischen Bauchtanz bietet sich außerdem ein Hüftuch an. Das gemeinsame Tanzen macht Spaß, fördert das Gruppenerlebnis und schult das Raumgefühl sowie den körperlichen Ausdruck.

Beispiele:

● Afrikanische Tänze

Die Kinder hören afrikanische Musik, die einige von ihnen mit afrikanischen Trommeln rhythmisch begleiten. Alle übrigen Kinder bewegen sich im Takt zu der Musik im Raum. Vielleicht kann ein Elternteil, das aus Afrika kommt, einen Tanz vorführen.

● Schuhplattler

Die Spielleitung oder ein Elternteil zeigt den Kindern wie sie Schuhplattlern können. Sie hören bayerische Musik und versuchen auf spielerische Art miteinander den Schuhplatter. Hierzu bietet sich eine Jodeleinlage an.

Am letzten Tag können ein paar Eltern eingeladen werden, die gerne tanzen und den Kindern unterschiedliche Tänze wie Wiener Walzer, Tango und Salsa vorführen.

Zeig mir dein Herkunftsland!

Jeden Tag dürfen ein paar Kinder das Land, in dem sie und/oder ihre Eltern geboren sind, vorstellen. Die betreffenden Kinder besorgen eigene Fotografien oder Bilder aus einem Urlaubskatalog, auf denen Land und Leute zu sehen sind. Sie bringen auch landestypische Spezialitäten zum Probieren für alle Kinder mit.

Für einen Türkei-Tag kämen z. B. Pide (Fladenbrot), Biber-Dolma (mit Reis gefüllte Paprika) und Sarma (mit Reis gefüllte Weintraubenblätter) in Frage. Ein mitgebrachtes türkisches Teeglas mit Goldrand und ein Samowar könnten beim gemeinsamen Essen und Teetrinken vorgestellt werden. Zu mitgebrachter türkischer Musik tanzt die Gruppe dann durch den Raum.

Zur Erinnerung erstellen die »Experten-Kinder« eine Collage mit den Bildern aus ihrem Land, die sie im Gruppenraum aufhängen. Dazu können sie anhand einer Vorlage die entsprechende Flagge malen.

Spielnachmittag: Wir verstehen uns gut!

So kann das Motto eines Spielnachmittags in der Einrichtung lauten, zu dem die Kinder von zu Hause internationale Snacks und Getränke mitbringen. Das Fest kann an einem Nachmittag ohne die Eltern stattfinden und mit den Spielen, die in diesem Buch vorgestellt wurden, gestaltet werden.

Das Programm könnte wie folgt aussehen:

1. Begrüßungsspiel: »Begrüßungsrad« (s. S. **19**)
2. Begrüßungsspiel: »Good morning« oder »Good night« (s. S. **69**)
3. Spiel: »Hase, hüpf mit mir!« (s. S. **56**)
4. Spiel: »Um oder dois?« (s. S. **65**)
5. Spiel: »Farbentanz« (s. S. **93**)
6. Spiel: »Das können wir alle!« (s. S. **96**)
7. Eröffnung der internationalen Snack Bar. Hierfür werden ein paar Tische in U-Form angeordnet und festlich dekoriert.
8. Spiel: »Länder und Sprachen« (s. S. **60**)
9. Spiel: »Woher stammt das Instrument?« (s. S. **79**)
10. Spiel: »Alles verstanden?« (s. S. **109**)
11. Spiel: »Vorspielen – mitspielen« (s. S. **83**)
12. Spiel: »Gute Wünsche« (s. S. **117**)

Zur Autorin

Andrea Erkert, geboren 1967, staatlich anerkannte Erzieherin, Entspannungspädagogin und derzeit als Fachlehrerin in einer Grundschulförderklasse in der Nähe von Stuttgart tätig. Sie erteilt im In- und Ausland Workshops und Elterabende, unter anderem zu den Themen Lernen mit Bewegungsspielen, Naturerfahrungen, Sinnesförderung, Entspannung, Sprachförderung, Zahlen und Mengenerfassung, Gewaltprävention, (Stuhl-)Kreisspiele und Ernährung. Außerdem ist sie Autorin verschiedener Publikationen. Im Herder Verlag sind von Andrea Erkert folgende Fachbücher erschienen:

Schule aus! Spiele und Aktionen für die Ganztagsbetreuung von Grundschulkindern. 1. Auflage 2005

Raus in den Wald! Spiele und Ideen rund um Wald und Wiese. 2. Auflage 2006

Lernen mit Bewegungsspielen. Neue Angebote für Vorschulkinder. 1. Auflage 2007

Kontaktadresse für Workshops und Elternabende

Andrea Erkert
Seelacher Weg 79
71522 Backnang

Telefon 07191 / 90 83 57
Mobil 0162 / 73 43 792
Fax 07191 / 90 83 59
E-Mail: andrea.erkert_florida-sun@t-online.de